ノートル・ダムの残照

哲学者、森有正の思索から

大森恵子
Omori Keiko

藤原書店

〈ノートル・ダム大聖堂の外観〉

ノートル・ダム大聖堂の精緻な美

ノートル・ダム大聖堂の裏庭

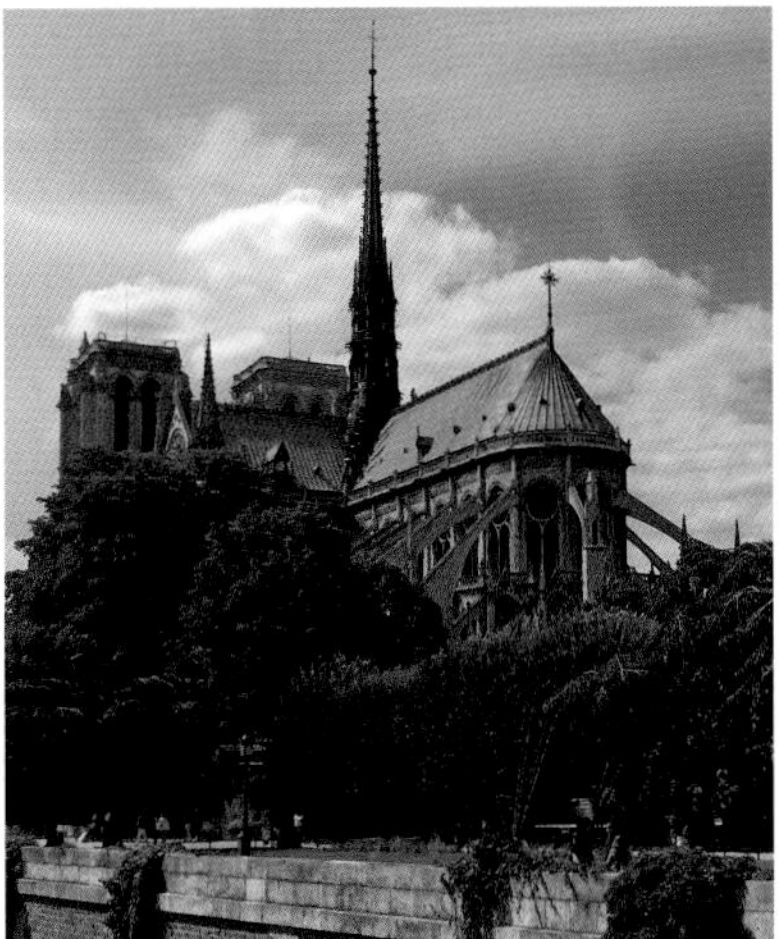

ノートル・ダム大聖堂の後姿

〈ノートル・ダム大聖堂の内観〉

ノートル・ダム大聖堂のステンドグラス

ノートル・ダム大聖堂のイエスを抱いたマリア像

ノートル・ダム大聖堂内部の列柱

〈パリ国際大学都市　日本館〉

パリ国際大学都市　正面広場

日本館

日本館内の藤田嗣治『馬の図』

日本館内の藤田嗣治
『欧人日本へ渡来の図』

〈森有正が慈しんだセーヌ川〉

セーヌ川左岸に佇んで

真夏のセーヌ川

〈エッフェル塔の一日〉

朝のエッフェル塔

ライトアップされたエッフェル塔

暮れなずむエッフェル塔

〈サン・ジェルマン・デ・プレ教会界隈〉

サン・ジェルマン・デ・プレ教会

サン・ジェルマン・デ・プレ教会の裏手の小広場

ドラクロワ記念館入口

本書を推す

前国立公文書館館長　加藤丈夫

このたびの大森恵子さんの労作『ノートル・ダムの残照——哲学者、森有正の思索から』の上梓を心から喜びたい。

それは本書が、大森さんが四十年以上の歳月をかけて取り組んできた「知の巨人・森有正」研究の集大成というべきものだからだ。

大森さんは「若い頃に読んだ森有正の『バビロンの流れのほとりにて』に感動し、以降著者の思索を探求することが自分の生涯の研究テーマになった」と述べている。

本書が取り上げた森有正は一九一一年の生まれ、生後間もなくキリスト教の洗礼を受けて熱心な信者となった。進学した東京大学では、文学部哲学科に学び、主にデカルトやパスカルの研究に打ち込んだ。一九五〇年フランスに留学して以降はパリに永住して、哲学の研究にいそしむ傍ら多くの評論や随筆を発表し、日本を代表する文化人としての地位を確立した。中でも一九六七年に発表した『遙かなノートル・ダム』はベストセラーとなり、（私を含め）日本人のフランスに対する憧憬の心を揺さぶった。

またバッハの教会音楽をこよなく愛し、毎日のように自宅のオルガンでバッハのコラールを弾いていたという。

大森さんの研究態度は、対象とする人物に関する文献を精査するだけでなく、その人物が住んだ家、日常の散歩道、仕事先、旅行した場所等を丹念に訪ね、誰に会ったか、そこで何を考えたかを細部に亘って詳しく調べるのが特長だ。

それは大森さん自身の「自分探し」の旅でもあるのだが、そうした真摯な態度から生まれた作品が読者の共感を呼ぶのではないか。

本書は三枝蓉子という女性の「語り」による小説風の構成になっているが、森有正が親しんだパリの光景も多くの写真で紹介されており、そこにも「難解な思索を分かりやすく一般の読者に伝えたい」という著者の心遣いが窺われる。

大森さんは、森有正の他に新渡戸稲造や、アイルランドの詩人イェイツなどの研究にも取り組んできたが、私は二〇一一年に新渡戸の『武士道』を高校生向けに分かりやすく解説した『高校生が読んでいる『武士道』』を読んで感動したのをきっかけに大森さんとのお付き合いが始まった。この本の中で、大森さんの「キリスト教をベースとした西洋人の倫理にも、武士道に代表される日本人の倫理にも、同じ人間としての普遍的な精神道徳がある」という主張に、「目からウロコが落ちる」思いをした記憶がある。

森有正も新渡戸稲造も長い海外生活を通じてキリスト者としての眼で日本と世界を見つめ、その中で、「愛と悲しみ、その葛藤と調和」を考え続けていたのだが、それこそが大森さんが生涯をかけて探求するテーマであったに違いない。

「偉大な哲学者の思索への挑戦」と言われると、難しくて尻込みしてしまいそうだが、本書は、一人の女性の旅を通じて森有正の豊かな人間性が分かりやすく活き活きと描かれている。

必読をお薦めしたい好著である。

ノートル・ダムの残照　目次

ノートル・ダムの残照

哲学者、森有正の思索から

序章　遥かなノートル・ダム——二〇二一年（令和三年）春

1

六十八歳になる三枝蓉子は、三年前までは、都心の英和女子大学の附属高校で非常勤講師をしていた。今は、家で、時々、ドイツの文芸書の翻訳をしている。

生きていれば今なら四十二歳になる息子が一人いたが、八年前に白血病で死んだ。長年に亘って連れ添った夫も昨年、突然、心筋梗塞で逝った。

蓉子は、人気のない部屋に入ると、おもむろに居間の電気ストーブの前の椅子に腰を掛けた。正面の窓辺から見える庭は、辺り一面の雪景色だ。

海棠《かいどう》の薄桃色の一つ一つの花に真っ白な雪が綿飴のようにぽったりと載って、何とも言えず、可愛らしい情景だ。明日は四月というのに、珍しい雪が今朝から降り続いている。
蓉子は、紺色のダウンコートを脱いで、たった今、ポストから手に取ったばかりの桐楓社文芸部の編集者の都筑高道からの封を開けた。角ばった、とても小さな字で記されている。

「三枝蓉子様
原稿を拝読致しました。一九七〇年代のパリの街の情景に重ねて、森有正氏のパリでの哲学的思考の深まりの過程が、よく分析された作品だと思いました。
社内で検討したのですが、この原稿を、ぜひ、本に出版させて頂きたいと思います。一度、三枝様に直接、御目にかかりたいと思います。御都合の良い日時をご連絡頂ければと思います。

桐楓社　文芸部　都筑高道」

蓉子は今一度、窓の外を見る。外は、森閑として雪が降りしきっている。降りしきれ、雪よ。降りしきれ。全て立ち尽くすものの上に。蓉子は胸の中で呟いた。
その時、明日が蓉子の誕生日である現実を思い出した。時間があっという間に過ぎてしまった。自分もずいぶんと年を取ったものだ。思い出すのは、若い日の回想だけである。

蓉子は、ソファーから立ち上がり、部屋の隅に置かれたライティング・ビューローの扉を開いた。

机の奥の右上の小さな抽斗《ひきだし》から、少し黄身がかった封筒を取り出し、封筒の中のネックレスを手に取った。

一九七五年（昭和五十年）の四月、パリに留学していたフランス語の都筑高明先生が、パリから蓉子の誕生日のお祝にと、送ってきてくれたネックレスだ。カードも添えてあった。

銀色の布のような台紙に、白い鈴蘭《すずらん》の花々が清楚に彩なされた美しいカードが出て来た。カードは不思議なほど、一つも色褪せてはいない。

「誕生日おめでとう。雪の舞うパリから、あなたにささやかな贈り物をします。
一九七五年四月　都筑高明」

銀色のチェーンに、赤と紺と白の三つの七宝焼きの小さな長方形が組み合わさったチャームの付いた、ネックレスだった。いかにもフランスらしい色合いとデザインで、洒落《しゃれ》ていた。

蓉子は一九七四年（昭和四十九年）三月に英和女子大学のドイツ文学科を卒業したばかりで、社会人になって一年目の二十三歳のバースデーだった。

蓉子は、ひと目で、都筑先生からのプレゼントが気に入った。誕生日の一日中、ネックレスを胸に押し当てて、鏡に何度も自分の姿を写してみたものだ。

都筑先生からのネックレスは、今も、蓉子のお気に入りのアクセサリーを入れてある宝石箱の中でも、飛び切りの貴重品となっている。

蓉子は、カードの入っている封筒に重ねられている、小さく四つ折りに折られた便箋を開く。

「プレゼント気に入ってくれて何よりです。ちょうどあなたの誕生日から三日間、パリは午後になると雪が降り、雪の中を、慣れない買い物のために歩き回りました。

結局はサン・ジェルマン通りに近いオデオン広場の向かい側、つまりセーヌ川寄りの小さな店で見付けました。マダムに依ると、あの配色なら、大体の洋服には合うと推奨。実際に合うかどうか、試してみてください。

一九七五年四月十七日　都筑高明」

蓉子は、窓辺から木々を覆う白い雪を見ていると、都筑高明が自分のためのプレゼントを探しに、慣れないパリの雪道の中を歩いている姿が浮かんできた。

蓉子は先ほど目を通した桐楓社の都筑高道からの手紙をもう一度、手に取った。先程は目の前を一瞬に過ぎていった編集者の名前が、今度は、はっきりと目に入る。都筑高道と都筑高明。名前の四文字のうち三文字までが、都筑高明先生と同じだ。

都筑という苗字は決して珍しくはない。だが、一人の名前で、四文字中の三文字まで同じ人は、それほど多くないはずだ。名前も、とても小さな字で記されている。

パリの都筑高明先生から届く封書の裏には、いつも Maison du Japon, 7c Bd. Jourdan 75014 Paris, FRANCE の横文字の上に、日本語で、小さく都筑高明と記されていた。

蓉子は今でも、はっきりと、都筑高明の文字を眼裏に思い出すことができた。もしや、都筑高道という、今、蓉子が手にしている手紙をくれた編集者は、都筑先生の息子さんなのでは？蓉子は、息子の潤一が京都大学に合格した年に、都筑先生の息子さんも、大阪の北野高校から京大に合格したという噂を風の便りに聞いたのを、思い出した。息子さんが桐楓社に勤めている事実は知らなかった。

急いで、押し入れから、大事にしまってある一九九七年（平成九年）の『サンデー毎日』三月号を取り出し、京大の合格者名簿の北野高校の欄を開く。

都筑高道の文字が、真っ先に目に入る。やはり、都筑先生の息子さんだ。奇遇である。蓉子は、地球が一周して、何だか、今、再び元の場所に自分が戻ったような気がした。だが、半世紀近くの時間が確かに経っている。

第一章　沈丁花の香り――一九七三年（昭和四十八年）春

1

蓉子がフランス語の都筑先生と出会ったのは、お誕生日カードの二年ほど前の一九七二年の十一月だった。

蓉子が御茶ノ水のアテネ・フランセにフランス語を習いに行った時の、クラス担当の先生だった。三十歳くらいに見える男の先生で、二十歳の蓉子には、かなり年上に見えた。

先生のフランス語の発音は、とても流暢で、文法の説明も解り易い。蓉子たちは先生の解説を基に、フランソワ・モーリアックの芸術論を講読した。蓉子には、フランス語を理解するだけでも難しく、内容を理解するところまでは、とても辿り着けない。

アテネ・フランセに通い始めて三ヵ月目のある日、授業が終わり、通りに出ると、偶々《たまたま》蓉子はクラス担当のその先生と顔を合わせた。

「御茶ノ水から中央線ですか？」

「中央線で新宿まで参ります」

「僕も駅まで行きますが、大学に戻るところです。辻井さんのお住まいは、どちらですか？」

「高田馬場で西武新宿線に乗り換えて、上井草です」

「西武新宿線は、よく知らないな。僕は田舎者なんですよ。盛岡出身なのです。大学で東京に出てきてから、九年が経ちましたが、未だに東京の全部が分かってはいないのです」

都筑先生は、恥ずかしそうに口元を緩めた。

蓉子は、首を横に曲げて都筑先生の顔を見詰めた。これまで、中肉中背の全体の姿をぼんやりとしか捉えられていなかった。だが、初めて先生の顔を理解した気がした。優しい目付きの人だと思った。

少し色褪せた紺色のオーバーコートを着ていて、髪はやや長髪であった。

蓉子は大学に入ってから、長髪の男性を見ると、何となく不良青年のように思えて、毛嫌いしていた。だが、今、隣を歩いている、都筑先生には、長髪以外の髪型は合わない気がした。

「ご専門は何ですか。フランス文学かな？　勝手にフランス文学と決め付けてしまい、すみません」

「ドイツ文学です。シューベルトの歌曲で歌われているドイツの詩人たちの研究をしています。ゲーテとか、ハイネ、シラーとか」

「面白そうな研究ですね。シューベルトですか。僕はシューベルトの歌曲といっても、『野ばら』くらいしか知りませんけれどね。ドイツ文学を学ぶ人が、どうしてフランス語を？」

その時、蓉子のグレーのコートの肩に掛けていた薄いピンク色のカシミヤのショールが、二月の夕暮れの風の仕業で、微かに宙に靡《なび》いた。

蓉子は慌てて両手でショールの胸元をそっと合わせた。立春を過ぎ、陽が伸びてきたせいか、二月の夕暮れは、辺りに幾分か明るさを残している。

「私、フランス語が好きなんです」

都筑先生は、嬉しそうな様子で、相槌を打つかのように、蓉子の目を見た。

蓉子は大学の専門で学ぶドイツ語より、教養科目で選択した第二外国語のフランス語のほうが、好きだった。フランス語には、もっと磨きを掛けたいという思いに駆られた。

大学でも、三年からは、もう第二外国語は必須科目ではなくなったにも拘らず、フランス語を登録して、授業を受け続けた。

「フランス語の音の響きはとても綺麗に感じますが、高校時代に読んで感動した、『巴里に死す』の作者の芹沢光治良や、『草の花』の福永武彦がフランス文学者だったことにも、影響されたのかもしれません」

「福永武彦に感動されたのですか。僕も何冊か読みましたよ。『忘却の河』とか『風土』とか」

あっという間に、御茶ノ水の駅が見えて来た。あと五十mくらいである。

「何だか甘酸っぱい香りが、してきません？　線路沿いに咲いている、沈丁花だわ。私、沈丁花の花が咲き出す頃が一年の中で、とても好きなのです。まだ、辺りは冬の冷気が漂っているのに、沈丁花の花を見ると、今年も春が巡ってくるのだなと、希望を予感できるからだと思います」

「確かに、いい匂いですね。僕も沈丁花の花の香りは好きですよ」

御茶ノ水駅の改札口の前で、蓉子は、慇懃に都筑先生に頭を下げた。

「実は、今年の秋で、僕のアテネ・フランセは終わりになります。九月か十月に、パリに留学をする計画になりました」

「では、先生にお教え頂けるのも、僅かなのですね。私、その間に少しでもフランス語が上達するよう、努力致します」

2

猛暑の一九七三年の夏も、九月も半ばを過ぎると、少しずつ秋の気配が感じられる。

蓉子は、そんなある日、アテネ・フランセの建物を出ると、都筑先生と顔を合わせた。

「二月の初めでしたね。この前、ご一緒になったのは。あっという間に半年が」

都筑先生のほうから気さくに声を掛けて、蓉子に近寄ってきた。二人は、御茶ノ水の駅に向けて歩き出した。

「先生は、いつパリにいらっしゃるのですか」

「九月の二十八日です。今週の木曜日で、アテネ・フランセでの僕の授業は、最後です。今、荷物の整理で、毎夜、大童《おおわらわ》です。もっとも、大したものなど、僕にはなくて、本やこれまでやってきた実験ノートばかりなのですが」

都筑先生は、含羞《はにか》んだ笑みを浮かべた。

「もう二週間もないのですね。モーリアックも、途中で終わってしまうのですね。私には難し過ぎましたから、この後、一人ではとても読み切れないと思います。先生は、理系の方ですか？」

「電子工学です。これまで東大の大学院で助手をしていました。パリ大学に、何とか留学できるものの、留学を終えた後のプランは、何も決まっていません。日本に帰ってからどうなるのか、多少の不安もあります」

「パリですか。きっと綺麗な所なのでしょうね。先生は、フランス語がとてもお上手でいらっしゃいますが、これまでもフランスでお暮しのご経験がおありだったのですか？」

「とんでもない。僕は、盛岡の田舎育ちですよ」

都筑先生は、唇を少し歪めて、自嘲的な笑みを浮かべた。

蓉子は、大学の教養の二年間の授業だけで、これほど上手にフランス語をものにしている都筑先生の能力に驚いた。

「あなたは、将来の希望が何か、あるのですか？」

「私は、大学院に行って、できれば、シューベルトの歌曲の詩人たちの研究をずっと続けていければいいなと、願っております」

「生涯、研究の道ですか？」

「神のない世界で、自分を支えていけるものは何なのか？　いつも考えるのです。自分がこれだと思う勉強を見付けて一生続けていくこと。地道に勉強を続ける普段の歩みによって、いつか自分を強くしていけるのではないかしら？　と思うのですが」

「神なしの世界でどう生きるか。難しい課題を抱えているのですね」

「でも、父は、大学院なんか行っても詰まらん。女性も大学を出たらすぐ結婚するのではなくて、まず仕事をして社会を見ておく必要がある、と」

「ずいぶん、進んだものの考え方をされるお父さんですね」

「しかも、お茶汲みでは詰まらん。今の世の中で、女性が男性と平等の立場で働ける職業は、学校の先生と国家公務員の上級職試験を受けて、文部省とか厚生省で働く。この二つしかないと、申して。でも、母はすぐにでも結婚してもらいたいようで、お見合いの話ばかりしていますす」

「お父さんは、今の時代に珍しい。でも、お父さんの仰る話は、事実でしょうね。あなたは、もう、お見合いを、されたのですか?」

「いいえ、お見合いは一度もしたことがありません。でも、私は自分の結婚はきっとお見合いでしか無理だろうな、と思っています」

「突然ですが、六大学の野球など、興味はおありですか? 明日、東大と法政の試合がありますます。よかったら、見に行きませんか。六大学の試合を見るのも、当分これで、ないのかなと思って」

「すみません。明日は都合がつきません。二時から四時まで大学のゼミがありまして。」

「そうですか。残念だな。では、僕一人で神宮球場に行ってこよう。法政が勝つに決まっているような試合だろうけど、目一杯、東大を応援してきますよ」

しばらく沈黙が続いた後に、都筑先生が口を切った。

「辻井さんのお家は上井草と言われましたね。今日はお宅までお送りします。いいですか」

蓉子は少し、躊躇《ためら》った。これまで、ESSクラブの他大学とのディスカッションなどの後に、家まで送ると言ってくれた人もいなかった訳ではない。だが、学生時代は、勉学に勤しみ、男性と個人的なお付き合いはしてはいけないといった気持ちから、蓉子は頑なに断っていた。

これまで、一人っ子で男の兄弟もおらず、英和女子大の幼稚園から大学まで、女子だけの世界で生きてきたのも、影響していたのかもしれない。蓉子には、どこか、恋愛は罪悪で、自分からは遠いものといった気持ちが常に働いていた。

だが、都筑先生は、もうパリに行かれてしまう。二度と遇うこともないのかもしれない。

「上井草は、ちょっと遠いのですが、およろしいのでしょうか」

「構いません。僕は西片町の下宿に帰るだけですから」

二人は、中央線に乗り、新宿で山手線に乗り換え、高田馬場で降りた。西武新宿線に乗り換えて、上井草駅で降りた。いつの間にか、陽は落ち、辺りは暮れていた。

「家は、ここから、五分くらい歩きます。もう大丈夫ですが」

蓉子は遠慮がちに告げた。

「お家まで行きますよ。さっきの話の続きですが、あなたの話を聞いていると、どこか柴田翔の世界に似ていますね」

「柴田翔ですか？　柴田翔の作品は、私は好きですが……。『されどわれらが日々』など。でも、なぜ柴田翔の世界に、私が似ているのですか」

「あなたが恋愛を否定されて、御自分の結婚は、お見合い結婚をするしかない、と思っていると、先ほど仰ったので、それでは、あなたのような人がもったいないな、とちょっと思っただけです」

都筑先生は、そこで、口を噤んだ。

蓉子は都筑先生の語る意味がよく理解できなかった。それでも、都筑先生の言葉の裏に、温かなものを感じた。

「僕は、今まで英和女子大の女性を一人も知りませんでした。でも、辻井さんにお会いして、英和女子大とはいい大学なんだな、と初めて解りました」

蓉子は微笑んで、都筑先生に軽く頭を下げた。自分を介して、自分の学ぶ大学を褒められることが、嬉しかった。今まで聞いた、どの褒め言葉よりも、蓉子は素晴らしい褒め言葉に感じた。

「あの角を曲がると、すぐ家です。二十八日は、何時の飛行機で、発たれるのですか」

「エールフランスの夜の九時四十五分の羽田発です」

大谷石の塀に囲まれた黒い鉄の門扉の前で、蓉子は立ち止まった。

「ここが私の家です。今日は、本当に有難うございました。では、どうぞ、パリでは、お元気でお過ごし下さいますように」

「あなたがパリに来られることがあれば、ぜひ、ご連絡をください。その時は案内しますから」

「来年の三月に、大学のヨーロッパ巡りの卒業旅行があるようです。参加するようでしたら、その時には、ご連絡させていただきます」

蓉子は家に入って、靴を脱ぐや、母の昌子の寝ているベッドの傍に走っていく。

昌子は、蓉子が十二歳の時に、生死を彷徨う交通事故に遭った。昌子は三年の入院の後、自分の足では二度と歩くことのできない重度の身体障害者となって、退院した。付き添いの介助を得て、車椅子にはどうにか乗れるものの、一日の大半はベッドに横たわっている。

「ママ、今、フランス語の先生が家まで送ってくださったの」

「パリに留学される先生でしょ。パリなんて、ずいぶん、素敵な所に行かれるのね。どんな感じの方？　ここまで送ってくださったのなら、家に上がって頂けばよかったのに」

昌子は蓉子を見て、悪戯っぽく微笑んだ。

「どんなって、優しそうな、感じの良い方よ」

「お餞別を差し上げなくていいの？　五千円をあなたに後で渡すから、差し上げたら」

「いいわよ。だって、出発される前に、もう、お目にかかる機会はないのですもの」

第二章　セーヌのほとりに

——一九七三年（昭和四十八年）秋

1

「日本は今、木々が色付き始め、微妙に変わりつつある美しき自然に心が安らぎを覚える季節となっているのでしょう。元気にお過ごしのことと思います。

九月二十八日にパリに到着し、現在は、パリの南の外れにある大学都市内に住んでいます。当地での生活も、はや三週間が経過し、どうやら、こちらの生活にも少しずつ明るくなってまいりました。

フランス人も含め、あらゆる国の学生が六千人以上も存在している一画ですので、人を眺めているだけでも飽きませんが、フランス的な地区とは言い難《にく》い所です。

しかし、この一画は、人種、宗教、性別、国籍、年齢などに関わりなく、ここを訪れる人に対して、友好的で、平和が維持されています。

先週の木曜日、こちらでの指導教授と会い、論文の件について話しました。セミナーの参加は来年にして、今年は実験と論文に集中する計画になりました。

この教授はスイス国境の出身で、非常に若くして（多分三十七か八で）教授になったヴァイタリティーに溢れる人物です。

日本人としては、僕が初めての学生であるのか、非常に親切にしてくれます。本を貸してくれたり、事務上の手続きをやってくれたり、相談事にも気軽に乗ってくれます。もっとも、非常に忙しくて、あまり雑談をする機会がないのが残念です。

僕の研究にとっては、本国人の、それも、博識な人を相談相手に持つことは、パースペクティヴを保つためにも、詰まらない間違いを犯さないためにも、必要な気配りなので、僕としては非常に恵まれています。

しかし、それだけに、与えられた意見を参考に、具体的な成果を挙げなければならない義務感が生じ、きつい場合もあります。

おおよその勉強のほうは、前述の通りです。日本では考えられないほどの実験現場との実際的結び付きの強い所です。この長所を大いに意識し、今後も努力を重ねていきたいと思っております。

十月二十一日　都筑高明」

2

「お手紙を拝見致しました。先ほどから四、五度も繰り返して読みました。今はとりあえず、お礼のお返事だけでも認めようと、深夜一人で机に向かっています。

僕には辻井さんのイメージと、僕の手紙を笑って捨ててしまうイメージを、どうしても結び付けることができませんでした。半ば諦めてもおりましたが、(本当は心の片隅に微かな期待もあったのですが)、それだけに嬉しかったです。どうも有難うございました。

僕には、とてもあのような緊張度の高い文章は書けそうにもありませんが、それはお礼の新鮮さで補われるやもしれません。

理想主義的、人格的態度は、その真摯さにおいて、僕などがとっくの昔に失くしてしまったようなものかもしれません。辻井さんのお手紙を拝見した時の喜びの一つはそこにありましょう。ああ、まだこんな人がいる、と思わず驚きました。

大学では、十月から正規の授業が始まりました。週末はブロック授業で今やっている実験に関するレポートがほぼ毎週、出されるので、息吐く暇がありません。

通常は語学のハンディーキャップがあるので、理解するには、ほど遠い内容に、時として眠れぬほどの目の冴え渡りが襲う夜もあります。

内的平静を取り戻した時には、教授の言葉に虚心に耳を傾け、真理の世界へ導かれることが本来的な生であると思い直します。

十二月二十三日　都筑高明」

3

「あけましておめでとう。

如何お過ごしですか。卒論も終えて、良いお正月を迎えられたと思います。

やっと最近になって、パリのあちこちを散歩するようになり、地理もだいぶ詳しくなりました。辻井さんが来られるようでしたら（いつでしょうか?）、少しは、ましなガイドになっていることと思います。

良いレストランはすでに見付けました。こちらに来るまでには、アルコールに強くなっておいたほうがいいようです。知りたい情報がありましたら、いつでも手紙をください。

パリで会えることを楽しみにしています。

一九七四年一月一日　都筑高明」

4

「三月十一日にパリ到着との予定、承知しました。

こちらの電話番号は、Maison du Japon（日本館）（589-66-59）ですが、心配なことは、係りがフランス人である点と、電話の架け方が日本と少々異なる点です。ですから、飛行便が分かれば、迎えに出ても構いませんし（グループ旅行なので迷惑かもしれないので、辻井さん次第ですが）、できたら、パリで泊まる予定のホテルと名前と住所を知らせておいてください。いざという時に安心ですから。

また十二日、十三日の二日間も、グループとしての制限があるのかどうかも知っておきたい点です。

出発前で忙しいでしょうが、一報してください。

四月からのスケジュールを拝見しました。大変なものですね。いつまでも一学徒に留まっている僕などは、恥ずかしい気持ちがします。

しかし、僕は辻井さんのためには、忙し過ぎるくらいの様々な仕事を持つことがいいように思っています。結局は、辻井さん自身が色々なことを経験してみること、一つ一つの経験を素直に受け止める姿勢が肝要なことです。

この一、二年は、あまり考えずに、色々なことをしてみるのが、いいでしょう。俗世間も捨てたものではありませんから、味わいに味わい、迷いに迷って。最終的に、平凡な生を終える瞬間に、クリスチャンになれたら、これこそ本当のクリスチャンでしょうね。

フランス語を教えているつもりで、ずいぶん勝手な与太を並べて、反省しています。僕の戯言ですから、あまり気にしないでください。まったく、言葉以外に伝達の手段があればいいのですがね！

あと、三週間足らずの間、日本の可愛いお嬢さんの到着を心待ちにしながら、（焦焦として）待っています。

二月二十日午前二時　都筑高明」

第三章　フォンテーヌブローの雨――一九七四年（昭和四十九年）早春

1

二月二十七日夜九時半、羽田空港からＫＬＭオランダ航空の飛行機に乗る。

隣の席は、ゼミで一緒の半谷直美だ。これからアンカレッジを経由して、三週間に亘るヨーロッパ七ヵ国巡りの卒業旅行が始まる。蓉子にとっては、生まれて初めての海外旅行である。英和女子大の今春の卒業生の百人に及ぶ大旅行で、機内は深夜にも拘らず、いつまでも、ざわめいている。席を立って、友達の席の間を動き回っている人もいる。

見渡すと、ドイツ文学科の近しい仲間や研究室の助手の人々の顔もある。ゼミ仲間の一人、上山美紀の姿も見える。蓉子が軽く手を振ると、美紀は蓉子の席まで、ニコニコしてやってきた。

「私の席は、五十五のE。あそこの通路側よ。アンカレッジに着いたら、またお会いしましょう」

だが、隣の席の半谷直美は飛行機が発って一時間くらい、蓉子の話に時折ふっと微かに相槌を打つだけで、あとは、ずっと黙りこくっている。

目は一点に向かって、宙に浮いたようだ。

「どこか痛いの？　半谷さん、何だか、辛そうだから」

蓉子が尋ねた途端、直美の目から大粒の涙が流れ落ちた。

「今、空港で人と別れてきたの」

「ちょっと、ちょっと、誰と？　さっき、父が御挨拶した方は、あなたのお父様でしょ？　その他にも誰か、いらしたの？」

蓉子は、空港に送りに来てくれた父が挨拶をした男性は、年恰好からしても、直美の父親にしか、見えなかった。

「お父様が御挨拶して下さった方は父ではないのよ。下宿のおじさんなの。最後に送りに来てくれたのよ」

直美は両手で顔を覆いながら、堰を切ったように声を上げて泣き伏せた。

「でも、あの方、あなたのお父様くらいの年齢に見えたわ」

「五十一歳。だから、両親が結婚は絶対にだめと猛反対して、別れることになったの」

蓉子はびっくりする。半谷直美は、ゼミ仲間の中でも、目立たない存在だ。長野出身の真面目でおとなしい直美が五十一歳の下宿のおじさんに恋をするなんて、どうしても結び付かない。人は見掛けに拠らないものだ、と思う。きっと、直美は純粋過ぎたのだろう。

「可哀想に。今までちっとも知らなかった。あなたの傍《そば》にいながら、話も聞いてあげられず、ごめんなさいね」

突然の話ではあるが、蓉子も急に悲しくなって、胸が詰まった。

「前に、アテネ・フランセでお習いしていたフランス語の先生が、今、パリ大学に留学されているの。パリを御案内くださると仰っているから、パリに行ったら、ご一緒に、色々行きましょうよ」

「有難う。私、パリに行ったら、ルーヴル美術館のモナリザだけは見たいと思っているの。案内してくださる方がいると、心強いわね」と、直美が充血した涙目で、蓉子を見上げた。

2

思いも寄らない直美の告白から始まった初の海外旅行も、オランダ、イタリア、ドイツ、スイス、ベルギーを経て二週間が過ぎ、あっという間に最後に近づいてきた。

三月のヨーロッパは、寒さが厳しく、時折、小雪も降っている。空は雲が低く垂れ込めて、どんよりとしている。薄暗く陰湿な感じもした。期待していたほど、華やかな世界ではない。残るは、いよいよ、フランスのパリとイギリスのロンドンだ。

パリの中心部にあるJAL系列の大型ホテルPLMに着いて一時間後、蓉子は直美を誘った。

「あなたにお話ししたフランス語の先生と、三時にフロントでお待ち合わせしているの。あなたもご一緒してくださるでしょ?」

「ご一緒させて。でも、私がいて迷惑ではないのかしら?」

「嫌だわ。フランス語の先生は、別に恋人でも何でもない方なのだから。迷惑どころか、あなたがいてくださるほうが、心強いわ」

蓉子は、目を細めて微笑んだ。蓉子は、異国のパリの街を都筑先生と二人だけで歩くのは、気恥ずかしい気がしたし、どこか、いけないことのような感じがしたためだ。

二人でエレベーターを降り、足早にホテルのフロントに向かうと、エントランス近くの椅子に都筑先生が座っていた。パリ大学に留学していた都筑先生と会うのは半年ぶりだった。

都筑先生は蓉子に気付くと、嬉しそうに席を立ち上がった。真っ先に、真っ赤なセーターが目に入った。

蓉子も笑みが零れる。都筑先生は昨年の九月に最後に遇った時とほとんど変わっていなかった。長髪の髪の長さも、全然、変わっていないと、蓉子は可笑しくなった。

「ヨーロッパに来て、二週間も旅しているのでは、二人とも、さぞ疲れているでしょう。パリには、三日いるのですね。明日、遠出をするとして、ひとまず、近場でコーヒーでも飲みましましょうか」

と、都筑先生は労いの言葉を掛けた。

「カフェがいいわね」

蓉子が直美に顔を向けると、直美は「私はどこでもいいわ。ただ、あなたに付いていくだけだから」と、淡々と答えた。

三人は、すぐにドアを抜けて、ホテルの前の大通りを歩き出す。風はひんやりと冷たいが、日は、まだ明るい。

蓉子はきょときょとしながらも、心の中はウキウキとしたものを感じる。パリは怖いと思っていたが、今、歩いている限りは、凄く自然で穏やかなものがある。

地下鉄に乗ってSaint-Germain-des-Prés（サン・ジェルマン・デ・プレ）に向かう。日本のように、切符を買うのではなく、カードを改札口の機械に通すだけで、電車を乗り継げる便利さに、目を見張る。パリに、黒人が多いのも意外だ。そういえば、アフリカの多くの国は、か

サルトル愛好のカフェ
レ・ドゥ・マゴ

サン・ジェルマン大通り端のレ・ドゥ・マゴ

つて、フランス領やイギリス領だった、と気が付く。

ホームで、一人の黒人がトランペットを吹いている。もの悲しい旋律が流れる。人々は、あの黒人に何が起こり、何が消えていったかを知ることもなく過ぎてゆく。ホームの柱の汚れた傷跡が、蓉子の心に余計にそんな想いを抱かせる。

人通りのあるサン・ジェルマン大通りを蓉子と直美はおっかなびっくりのように、都筑先生の後にくっついて歩いた。都筑先生の案内で、サン・ジェルマン大通りに面したカフェに入る。

前に、雑誌のグラビアの写真で見たような、店の外にテーブルと椅子が張り出されたお洒落なカフェで、コーヒーを飲む。まだ、パリに着いて、数時間のためか、何となく落ち着かない。蓉子も直美も、黙ってコーヒーを啜《すす》った。

「明日は、フォンテーヌブローに行こうかと思っています。パリから少し遠いのですが、大丈夫ですか？　僕も初めて行く所なので、上手く案内できるかどうか心配ですが」

エッフェル塔

ヴェルサイユ宮殿

「フォンテーヌブローなんて、名前も素敵ですね」

蓉子は、元気な声を発した。フォンテーヌブローとは、どんな所だろうと、あれこれ想いを巡らした。

「半谷さんは、明日は、オプショナル・ツアーのヴェルサイユ宮殿のほうに行きたい？」

「豪華な宮殿には、あまり興味はないの。私もあなたと一緒にフォンテーヌブローのほうに行くわ。いいかしら？」

「良かった。あなたもご一緒で嬉しいわ。それでは、都筑先生、明日のフォンテーヌブローの御案内、よろしくお願いいたします」

「承知しました。では、これから、エッフェル塔に上りますか？　今日の天気なら、夕陽が綺麗かもしれません」

エッフェル塔の上から見るパリの街の美しさ。紫色に染まった夕映えの中に、古い伝統と近代建築の美がこれだけ調和した場所も、あまりないと思えてくる。

エッフェル塔の最上階は風が激しく吹きすさび、髪も逆立ち、コートも捲《めく》れ上がる。こんなちっぽけな人間一個の存在など、空しく飛ばされそうな気配もある。

そんな自然の wise でもなく、warm でもない、indifferent に尽きるような態度と打って変わって、西の彼方を染めていく赤い輝きは、魅惑の美しさだ。

計算され尽くしたように整然と区画されたビルの灯りや、街路灯の列が並んでいる。それに沿って走る、玩具《おもちゃ》の豆自動車のように小さく光る車のライトの淡い列が、涙の首飾りを繋ぎ合わせたよう。煌めいて連なり、一列に流れていく。

蓉子は興奮して叫んだ。

「直美さん、見て、見て！　なんて素敵なんでしょ。あちらにノートル・ダムが見えるわ。あちらに見えるのが、凱旋門かしらね」

「ほんとね。私、パリに来て良かったわ」

直美がこの旅行で、初めて嬉しそうな顔をした。蓉子はほっとして、胸をなで降ろす。

エッフェル塔を降りると、色とりどりの灯りが浮き上がり、市街の灯りも広がってきた。

人々は忙《せわ》し気に黄昏のパリの街を通り過ぎてゆく。タクシーがクラクションをブーブー鳴らしながら走っていく。街のネオンが深くなる闇の中で光を増していく。

3

翌朝早く、ＰＬＭホテルのフロントに、都筑先生は蓉子たちを迎えに来た。三人はパリのリヨン駅からフランス国鉄ＳＮＣＦのＴＥＲというローカル列車に乗る。

季節のせいか、旅行客もほとんどおらず、蓉子たちの乗った車両には、蓉子たち三人の他には、乗客はいなかった。蓉子と直美は真中辺りの四人掛けのボックスシートに向かい合わせに腰掛けた。都筑先生は遠慮をしたのか、すぐ斜め後ろのボックスに一人で座っている。

電車がパリの中心を離れてしばらくすると、高いビルも次第に姿を消し、田園風景が広がっていく。春まだ浅い静かな情景の中を列車は走っていく。まるで、影絵のように、目の前をフランスの田舎の素朴な情景が通り過ぎていく。

蓉子は、直美と他愛もない話題を語りながら、時々、斜め後ろの席の都筑先生に目をやる。先生は鮮やかな真っ赤なセーターに茶色のコーデュロイのズボンを身に着け、茶色の少しヒールのある靴を履いていた。

昨日も、同じ真っ赤なセーターを着ていたので、先生のお気に入りのセーターなのかな？と思った。靴はパリに来てから買ったもののように見えた。

ふと見ると、赤いセーターの右手の袖口が少し崩れて、毛糸が綻《ほころ》んでいる。都筑先生は国費の給付留学生で、経済的にはゆとりがないのかもしれないと、微かな同情が湧いた。

一時間ほど列車に乗り、フォンテーヌブロー・アヴォン駅で下車した。十五分ほどバスに乗り継いで、フォンテーヌブロー城に着いた。広大な森に囲まれた城は、厳かで重厚な雰囲気が漂っていた。

真っ直ぐに伸びた背の高い針葉樹の木々の並木道が続いている。楡か、杉か、それとも、もみの木か。蓉子は天空を仰いだ。

「フォンテーヌブローとは、フランスの中でイル・ド・フランス地域圏を指します。街は、かつての王の狩猟場（フォンテーヌブローの森）を取り囲むように発展しています。城は広大な森に囲まれ、その中心にあるので、フォンテーヌブロー城と呼ばれています」

都筑先生はパリに来てから、旅行客のバスツアーのアルバイトをしているという。都筑先生は、まだ不慣れな口調で、ガイドを始めた。

「フォンテーヌブロー城は、フランソワ一世からルイ十六世までの、十一世紀から七〇〇年に亘り、往時の王たちが、森で狩りを楽しんだ時に過ごした由緒ある宮殿です。宮殿の中は、時代ごとに特徴的な装飾が楽しめますよ。ナポレオンが流刑のためにエルバ島に渡ったのも、この宮殿からでした」

「周りの広大な森は素晴らしいですね。お城の外観を眺めるだけも素敵です。さすが、フラ

フォンテーヌブロー城正面

ミレーの家

フォンテーヌブロー城から見える森と湖

ミレーの家の前の『落穂拾い』の絵

ンス屈指の優雅さと広大さを誇る、歴代の王に愛されたフォンテーヌブロー城ですね」

「フォンテーヌブローの森に隣接するバルビゾン村は、ミレー、コロー、ルソーなど多くの有名な画家が住んでいた村ですよ」

「ミレーですか。『晩鐘』や『落穂拾い』など、ミレーの農民を描いた絵は心を打ちますね。バルビゾンにも行ってみたいわ」

「今日は時間がありませんが、いつかまたフランスに来られることがあれば、ぜひ行かれるといいと思いますよ」

都筑先生と蓉子が言葉を交わしている間、直美は詰まらなそうな顔付きで、一言も言葉を発することはなかった。

バス停で帰りのバスを待つ間、どんよりとした灰色の空から冷たい小雨が降ってきた。振り返ると、空を突き抜けて遥か遠くまで伸びる並木道の木々が、雨に濡れて、より荘厳に見える。

「寒いわね。レインコートを持ってくれば良かったわ」

蓉子は、グレーのパンタロンに白いタートルのセーター。その上に、ローズ色のフード付きのコートを着ていた。直美は焦げ茶のパンツに同系色のウールのコートを着ていた。それでも、寒い。

一本の傘の中で、蓉子と直美は、身を丸めて、震えながらバスの到着を待った。雨は、絹糸が連なるように、切れ目なく降っている。

都筑先生は、コートは羽織っておらず、赤いセーターだけで、そぼ降る雨に濡れながら、真っ直ぐに立っていた。

4

バスティーユ駅で地下鉄を降りると、嘘のように、雨もすっかり上がっていた。暮れなずんではいたが、陽もまだ、西の彼方に最後の光を残している。

三人で、駅から急ぎ足で、セーヌ川右岸のサンタントアーヌ通りを歩くと、バスティーユの塔が見えてきた。広場の回りには、大通りが幾つか集中しているためか、広場の部分だけ、ぽっかり穴が空いたように、水平な空間が広がっている。

広場の中央に、七月革命（一八三〇年）の犠牲者を記念した高さ五十ｍほどの七月革命記念柱が立っている。

「この場所が一七八九年七月十四日に、圧政の象徴として、パリ市民に襲撃され、フランス革命の発端となったバスティーユです」

蓉子は、バスティーユの円柱の先を見上げた。

「バスティーユとは、元々は城塞のうちの主なものをこの名で呼んでいました。十四世紀後半、百年戦争の際には、イギリス軍に対するパリ防衛のために、サンタントアーヌ郊外に築かれたものを指しました。最終的には、ルイ十三世の時、宰相リシュリューによって、国事犯の牢獄に転用されたようです」

直美は「ふーん」「ふーん」と、頷きながら都筑先生の話を感心したように、聞いているだけで、言葉は発しない。

「牢獄であったバスティーユが、なぜ絶対王政のシンボルとなったのですか」

「反権力の文筆家の投獄によって、陰惨な印象を与えたので、一般には絶対王政のシンボルとして認められるようになりました。このため、一七八九年七月十四日の攻撃を招き寄せ、大革命を画することになりました」

「フランス革命の本命の場所を実際に目の当たりにすると、時間がタイムスリップしたような感じさえします。私、小学生の頃、少年少女文学全集の中のツヴァイクの『悲しみの王妃』を読んで、マリー・アントワネットの最後に、胸が打ち震えたのを思い出します」

蓉子は少し、興奮して、都筑先生に顔を向けた。

「バスティーユの牢獄は、一七八九年〜九〇年に取り壊されました。一八三〇年、牢獄跡の空き地が広場として整備され、その一部にバスティーユ広場が誕生したのです」

三人はバスティーユを後にして、さらに歩を進める。

ノートル・ダム大聖堂の精緻の美

ノートル・ダム大聖堂の後ろ姿

セーヌ川に架かるアルシュヴェシェ橋に差し掛かった時、都筑先生が人差し指で前方を指した。

「あれがノートル・ダム寺院です。裏側から見たノートル・ダム大聖堂です」

蓉子は思わず息を飲んだ。暗闇の中にライトアップされて、浮き上がったように厳然と輝くノートル・ダム寺院の姿は、聞きしに勝る精緻の美だ。

「アルシュヴェシェ橋のこの辺りから見るノートル・ダム寺院が、最も綺麗と言われているようです」

「私が小さい頃、父が、ヴィクトル・ユーゴーの『ああ無情』を読め、読めと。それで、同じユーゴーの『ノートル・ダムのせむし男』も続けて読み、ノートル・ダム寺院の名は知っていました。でも、これほど美しい教会だったとは」

「ほんと、何だかこの幻想的な情景を見ていると、夢みたいね」

隣で、直美もうっとりとしたような顔付きで、ノートル・

ノートル・ダム大聖堂最上階から見たパリ

ノートル・ダム大聖堂正面

ダム寺院を眺めている。光と影の交錯するセーヌの流れの岸辺で、蓉子はノートル・ダム大聖堂を身じろぎもせず、見詰めていた。今、一瞬を、この目の中に焼き付けておかなければと。

「今日は、もう閉館して、中には入れないので、明日朝一番で、またノートル・ダムに来ましょうか」

「昼間のノートル・ダム寺院もぜひ見たいです」

直美も都筑先生に向けて、明るく微笑んだ。

「それでは、明日は、塔の上まで上りましょう。南塔には、一六八六年に作られた、有名なエマニュエルと呼ばれている、ノートル・ダムの鐘が保存されています。重さは十三トンもあるとか。また、鐘楼の中には、四百二十二段の木の階段があり、上まで行くには、かなり狭くきつい階段という話ですよ。大丈夫ですか」

「大丈夫、大丈夫。上から、パリの街を一望できるのでしょう?」

直美はすっかり上る気になっているようだ。

「ノートル・ダム寺院は、パリの真中のシテ島にあるので、

モンマルトルの坂道

サクレ・クール寺院

上からの眺望は、素晴らしいと思いますよ。東側は、セーヌ川を挟んで、サン・ルイ島、南側はパンテオンが。西方には、エッフェル塔、アンヴァリッド、さらに先には、ラ・デフォンス。北の先には、モンマルトルの丘のサクレ・クール寺院などが一望できます」

「今夜は早く寝て、明日は早起きしましょう」

「では、明日、八時に、またホテルに迎えに行きますね」

5

翌日は、蓉子たちのパリ巡りも、ノートル・ダム寺院から始まり、ルーヴル美術館、サクレ・クール寺院と強行軍だった。

「今日は疲れたわね。でも、この後、お買い物もしたいわ。家族にチョコレートを頼まれているの。明日は、もうロンドンでしょう」

サクレ・クール寺院の左脇の階段を降りながら、直美が蓉子に頼んだ。腕時計に目をやると、三時である。

ムーラン・ルージュ

「都筑先生、パリでお買い物をするのでしたら、どこのデパートがいいのでしょう？」

「プランタンにお連れしましょう。プランタンは日本の高島屋の系列のようです」

蓉子たちは、都筑先生に先導されて、プランタンに向かう。プランタンは大きなデパートだ。さっそく、チョコレート売り場に行き、チョコレートを買った後、直美が思い出したように言った。

「化粧品も買わなきゃ。これ以上、あなたに付き合せるのも悪いから、三十分後に、この場所でまた、落ち合う流れにしましょうか」

蓉子は自分も、パリでワンピースを買いたいと、思っていたのを思い出した。都筑先生に、フランス語でデパートの案内人に、婦人服売り場を尋ねてもらい、五階のワンピースが陳列してあるフロアーに行く。

何点か陳列してある中から、絹のベージュ色の地にブルーや緑の幾何学模様のワンピースを蓉子は手に取った。

「試着してみなくて、いいのですか？」

と、都筑先生が、横から蓉子に試着を促す。

「そうですね。ちょっと着てみます。少し、お待ちいただけますか」

都筑先生は、店員の女性に、フランス語で、試着をしてもよいか、と尋ねた。

蓉子は、金髪をポニーテールにした店員のフランス人女性に案内されて、試着室に入る。

手早く着替えて、試着室のカーテンをそうっと開けると、すぐ目の前に、都筑先生が立っている！　一瞬、目と目が重なる。蓉子はびっくりする。

「このワンピース、どうでしょうか？」

蓉子が恥ずかしそうに、都筑先生に問い掛けた。

「ぴったりですよ。なかなか素敵です」

都筑先生は、満更でもない顔付きだった。

蓉子は、そのワンピースが入った大きな紙袋を下げて、直美が待っている一階のチョコレート売り場に、急いで戻った。

途中のエスカレーターで英和女子大の人々に何人か擦れ違った。横にいる都筑先生には誰も気付かないようであった。だが、蓉子は誰かに変に思われないかしら？　と気になった。

プランタンの帰り道に、都筑先生が問い掛ける。

「今夜は、みんなでレストランに行って、盛大に食事でもしましょうか」

「そうですね。今夜はパリの最後の夜ですものね」

蓉子と直美は、一度、ホテルの部屋に戻ってから、洋服を着替えて、都筑先生の案内で、オデオンの地下鉄入口の傍の地中海料理のレストランに行く。同室の上山美紀も誘った。

都筑先生は、日本館の同僚で、九州大学の哲学科からパリに留学している河野由紀夫を誘ってきた。

最初は、皆、静かにしていた。だが、そのうち、ワインが心地よく回ってきた。

「皆さんは、日本に帰ったら、卒業だそうですね。卒業したらどうするのですか？」

「半谷さんは、三井物産、辻井さんは、英和女子大の附属高校で教えるの。私はＡＮＡ」

美紀が、由紀夫に、はきはきと答える。

「皆さんは、きちんとした仕事に就けて、いいですね。英和女子大学ドイツ文学科の皆さんの未来に乾杯！」と由紀夫が、陽気な声でグラスを掲げた。

由紀夫は短い口髭を生やし、黒縁の眼鏡を掛けていた。茶色のジャケットを着ている。年恰好は都筑先生と同じくらいに思われた。

「この白ワインは美味しい。エスカルゴに、とても合うわね」

美紀がグラスを微かに揺らして、丸い目をさらに丸くした。

蓉子も、生まれて初めて、ワインを口にする。ほろ苦い味に思えた。

「皆さん、都筑高明は、実にいい男ですよ。先週、僕が風邪を引いてね。震えていたら、自分のシーツを剝いでまで、僕のシーツに重ねてくれていた。それも、僕に気付かせないようにしてね。でも、僕は床に入って、すぐ解った。君は、ほんとに優しいよ」

「そういう男こそ、実は後で怖いかもしれないぞ。人は見た目では分からない、からね」

都筑先生の目は冗談ぽく笑っていたが、ワインが少し回ったのか、赤らんでいた。

「実は、今の日本館には、盛岡出身者は僕一人しかいないでしょ。周りの人間は、僕一人を見て、盛岡の奴はいい奴だとも悪い奴だとも、決め付けるわけで。僕のせいで、盛岡を悪く思われたら大変だと、これでも盛岡一代表の責任と使命を感じて、気張っているんだ」

「それじゃ、私たち、見た目はどう見えますか？」

美紀が突然に、ハイテンションで叫んだ。

「上山さんは、女番長。強くて恐そうだね」

と、由紀夫が踊った声で、美紀の顔を見た。

「簡単に決め付けないでくださいな。あなたは、女性を見る目が全然ないわよ。プンプン」

都筑先生が、戯《おど》けた美紀の顔を見て、苦笑いしている。

「半谷さんは、良妻賢母かな。きっといい奥さんになると思いますよ」

由紀夫の言葉に、直美は、気不味《きまず》そうに下を向いた。

「じゃあ、辻井さんはどう？　蓉子さん、外から見ると、今にも折れそうな感じでしょ」

と、また、美紀が大きな声を出した。

「確かに、男が守ってあげなきゃと思う感じだね。辻井さんに似合うのは、エスカルゴより、京懐石だろうな？　でも、意外と、辻井さんは、芯がしっかりしているのかもしれない」

蓉子は恥ずかしくなった。由紀夫の言葉を聞き、自分はちっともしっかりなんかしていないのに……と、思った。

「人間は皆、複雑怪奇。みんな、どこか変。そういう動物でしょう」

美紀がやけに物分かりよいような顔付きをした。

「そうだ、そうだ。僕らも、あなたたちも、みんな変。今夜は変同士の集まりだ。乾杯！

次は、赤にしようか。シャンパンも、どうですか」

都筑先生も、楽しそうに美紀に同調した。こんな燥《はしゃ》いだ都筑先生を初めて見ると、蓉子は驚いた。

みんなが「賛成！」と、口々に声を挙げ、手を叩いた。

赤のワインを注ぎ足したところで、美紀が話を切り替えて、由紀夫に尋ねた。

「都筑さんと、河野さんが今いる日本館て、何なのですか？」

「一言《ひとこと》で言えば、学生や研究者の宿舎です。パリ大学や、首都圏の研究機関に在籍する世界各国の学生や研究者に宿舎を提供し、併せて文化や学術の交流を推進することを目的とした学術施設とでもいいますか」

セルビュースがシャンパンのブテーユと新たなグラスを運んできて、テーブルに置いた。

「パリ国際大学都市の中にあってね。本部建物には中央図書館、劇場、室内プール、レストラン、銀行、郵便局などが設けられています」

由紀夫が一人一人のグラスにシャンパンを注いでいく。

「ずいぶん便利な所ですね」と、蓉子は感心する。

「広大な敷地の中には、四十ほどの建物があります。日本館も、その一つ。大学都市本部が直轄しているものと、各国の政府や財団の直轄のもとに運営される館があり、日本館は後者だけれど。カナダ、スペインなど、他の外国館も、それぞれのお国柄を表した建物で、日本館の建物も、なかなか、趣があります」

都筑先生が満足げな顔をして付け加えた。

「いつ頃からできたのですか」

直美も、興味が湧いて来たようだ。

「もう、四十年以上前。昭和四年だったかな」

「戦前からあるのね」

「今の日本館の館長の森有正さんは、ユニークな人だね。森さんには、僕はパリに来るまでは、清教徒を思わせる、傲岸孤高の思想家としてのイメージを持っていた。だが、実際は正反対だった。太った体を震わせては、人懐っこそうによくクックッ笑うよね」

由紀夫が直美と都筑先生の会話に、言葉を挟んだ。

「通俗的な哲学者のイメージを意識的に避けたいと思っているのではないかな。森さんは、優しくて、ユーモアもある人だね。右肩をちょっと落とし、やや俯き加減に歩くでしょ。後ろ姿に、森さんの人格の強さと優しさみたいなものを僕は感じているよ」

「森さんはバッハのコラールのオルガン曲が好きで、よく、僕らの前でもオルガンを弾くんだ。またか、と思うくらい度々ね」

由紀夫は蓉子たちに顔を向き直し、森有正を紹介するように語った。

「バッハがとても好きらしいよ。家でも、弾いておられるそうだ。特にバッハの『バビロンの流れのほとりにて』は毎日、弾くと、話しておられたよ。森さんは小さい時に洗礼を受け、熱心なクリスチャンだから、バッハの教会音楽にも馴染みが深いのかもしれない」

「でも、都筑君、森さんのオルガンは、上手いと思う？」

都筑先生は、困ったような顔をして、唇を歪めて苦笑いした。

「でも、バッハを演奏している時の森さんは、いつも、全身全霊でオルガンに向かっている。森さんの息遣いさえも聞えてくるようだ。森さんの厳しい生き方が伝わってくる感じもする」

都筑先生は、館長の森さんのオルガンの演奏に感心するように話している。

「確かに、オルガンに向かっている時の森さんは、背後にあるものをすべてすっかり忘れているようだ。森流の弾き方ではあるけれど、僕のようにバッハが解らない人間にも、何かしら伝わるものはあるね。森有正って、初代の伊藤博文内閣の文部大臣をした森有礼と関係あるのかな？」

「森有正は、有礼の孫でしょ。森さんのお母さんは、徳川御三卿の清水家と呼ばれていた伯爵家の出の方らしいよ」

と、由紀夫の問い掛けに、都筑先生は応える。

「やはり、そうか。もしかしたら森有礼と関係があるのかな？　と思っていた。だから、森さんは東京で生まれ育ち、小学校から暁星で学んで、ピアノやフランス語も早くから修得されていたんだね」

蓉子は、この時まで、森有正も森有礼の名前も聞いた覚えがなかった。パリの日本館の館長さんは、キリスト教徒でバッハが好きという情報だけが、蓉子の脳裏にこの瞬間に刻まれた。

美紀がすかさず、都筑先生に問い掛けた。

「森有正さん、初めて聞くお名前だわ。何歳くらいの方？　ご専門は何なの？」

「森さんは確か、明治四十四年の生まれと言っておられたから、今は六十二歳かな。昭和二十五年、森さんが三十八歳の時に、フランス政府の給付留学生として、パリに留学された。その前は、東大のフランス文学科の助教授をされていて、デカルトやパスカルの研究が専門の方ですよ」

森有正とは、東大の先生をしていた哲学者なのか、と都筑先生の話から森への情報が蓉子の中にもう一つ追加された。

「えっ？　私たちが生まれる前から、森さんはもうパリに来ていたわけ？　戦争が終わってすぐではないの。じゃあ、もうずいぶん、長い間パリにおられるのね」美紀は驚いた様子だ。

「都築君、森さんは当初は一年で日本に帰るつもりで留学したらしいね。でも、そのまま二十三年間もパリに住んでしまって。結局、東大も辞め、奥さんとも離婚されたようだ。家族とも離れて一人でパリなんて、パリがそれほど気に入ったのかな？」と、由紀夫が首を傾げながら口を挟んだ。

「森さんは、パリに長らくいて、パスカルやデカルトの研究を続けながら、パリの国立東洋言語文化研究所やソルボンヌなどでの講演や日本語を教えて、生計を立てていらしたようだ」

「パリで悠々自適な生活ではなかったのかな」

「戦後間もない昭和二十年代に、異国の地に一人で暮らすのは、今の僕らの想像を絶する厳しいものがあったと思うよ。だから、森さんの後ろ姿を見ると、いつも孤独の影を抱えて生きている人だなと思うんだ」

直美も蓉子も、都筑先生の言葉にじっと耳を傾けている。

「河野さんは、森さんのエッセーを何か読んだことはある？　森さんは、一人の人間としてパリに生きた自己の経験を基にしたエッセーをたくさん書かれている。瑞々しい、ユニークな思想を展開されていると思う」

「森さんのエッセーって、『バビロンの流れのほとりにて』の他に、何かあった？」

「色々あるよ。僕は『バビロンの流れのほとりにて』も読んだけど、同じ筑摩書房の『城門のかたわらにて』、『遙かなノートル・ダム』。最近では、『生きることと考えること』、『木々は光を浴びて』、『パリだより』なども読みましたよ」

「知らなかった。そんなにたくさんの本を書いておられるんだ」

「森さんの書かれた本を読むと、島国である近代日本の宿命とも言える、西欧文化の受容の問題について、如何に真剣に考えているかが、よく分かった気がする」

「西欧文化の受容の問題って、森さんは西欧文化との交わりをどういうふうに考えているの？」

「幕末から、西欧の技術を学ぶために外に出て行った日本の知識人たちは結構いるけど、ほとんどのリーダーたちの考え方は「和魂洋才」でしょ。でも、「和魂洋才」って、口で言うほど簡単なことではないはず」

「勿論、僕もそう思うよ。文明を受け入れるとは技術を受け入れること。「和魂洋才」って、言ってみれば、日本古来の精神を大切にしながら、西欧の技術を取り入れ発展することだからね」

「しかし、外来の技術だけを受け入れようとしても、絶対に受容できない。技術と内面がバラバラでは駄目だ。表面の技術だけを取ってきても、元々ある内面と調和しなければ、必ず混乱が生じる。森さんはこの問題の複雑さに無関心ではなかった」

「都築君の話はよく解るよ。我が国の歴史を振り返れば、新しい文化が入って来るとは、いつも外の世界と交わる状況を意味する。日本人が島国から出て行き、外の世界と接触する時、いつの時代にも生じる普遍的な問題だと思うよ」

「このシャンパン、とても美味しいわ」美紀が満足そうに微笑んでいる。由紀夫もシャンパンのグラスに一口付けてから、納得するような顔付きで、そのまま言葉を続けた。

「宣化天皇三年（五三八）、日本に初めて仏教が入ってきた時も、聖徳太子（敏達天皇三年（五七四）〜推古天皇三十年（六二二）時代の景教（ネストリウス派キリスト教）の渡来も、嘉永六年（一八五三）のペリー来航により、日本の長い鎖国が解け、開国した時も」

「都合の良い所だけを受け入れようとするのでは、「和魂洋才」はなかなか難しい。森さんは、外来の文化と接触する時は内面でも交わらなければならない、と深刻に考えていた。西欧の科学技術も機械的に利用しさえすればよい、では済まされなかったのだと思う」

都筑先生は、真剣な眼差しで、由紀夫に語っている。

「森有正が現代日本の孕んでいる根底の問題を体現した人か。昭和二十年の日本の破壊的敗北という事実を目の前にした森さんとしては、決して避けて通ることができなかった課題だったのかもしれないね」

「西欧の思想や文化も単なる知的理解ではなく、西欧文化と内面で交わるためには、森さん自身が内面から西欧を血肉化し、それに対応した日本認識を持たねばならないと、真剣に考えておられた」

「日本人が正しい日本認識を持つことで、日本はどういう風にしたら外部世界の中で受け入れられるのか、外の世界に対して、日本人としての自己をどう位置付けたらいいのか、が見えるようになる。森さんは、これからの日本を考えていたんだね」

「森さんはパリでの日々の生活を通して、西欧という現実を正しく汲み取るために、パリに残る決意をされたと思う。フランスに留まり人間存在の諸問題を考え尽くそうと固い決意をされたんだ」

「都築君の話を聞いたら、森さんがフランスに永住する決心をした理由が僕にもよく解ったよ。

日本のためを思っていたからこそだ」と、由紀夫は頷きながら話している。

「当時、東京大学の総長だった南原繁さんが、森君、東大は君を必要としているから、日本に帰ってこい、と説得されたが、遂に聴き入れてくれなかったと、嘆かれたそうだ。そこで、南原先生は当時ドイツ文学科の大学院生だった小塩節さんに、協力を求める手紙を出している」

「都築君、そんな事情まで、よく知っているね」

「小塩さんが『ラインのほとり』に詳しく書いておられた。日本での真っ当な職を敢えて放棄し、人生半ばでフランスに留まる決意をした行動が、どれほど強い意志を必要としたか、僕はよく森さんの決意を考えるよ」

「森さんの生きた時代を想像すると、森さんの決意は余計に重いな」

「森さんは、日本が初めて外の世界と交渉を持ち始めて以来の流れにおいても、類い稀な存在だと思う。日本の優れた知識人が、外国文明の渦中に身を投じ、肉体と精神のすべてを挙げて、二つの文明の接触を生き抜いた例は、森さんの他にはいないと思える」

美紀はシャンパン・グラスを口に運んでから、窓の外をあちらこちら見回している。

「森さん、今は時々、日本に帰っているようだね。日本で何かしているの?」

「ここ数年は、日本の青山学院やＩＣＵ（国際基督教大学）などで、講演をされているみたいですよ」

「そろそろ、お開きにしましょうか。私たちは、明日は朝早いので」

美紀は話題に飽きたのか、二人の話の腰を折った。

「つい、話に夢中になって、すみませんでした。明日、ロンドンには飛行機で行くのですか？」

と、都筑先生が蓉子に尋ねる。

「カレーから汽車に乗ります」

オデオンのレストランを出ると、みんなでホテルに向かう地下鉄に乗った。昼間とは打って変わり、車両はがら空きである。蓉子は、酔いが回っていて、やけに、愉快な気分だった。笑い出したら止まらないような気分になった。電車も揺れる。蓉子も揺れる。

「上山さん、私、何だかとても、おかしくて、気持ちがよくて」

蓉子は、嬉しくてケラケラと笑った。

「いやだ、辻井さんたら、すっかりシャンパンに酔ってしまったみたい」

隣の席の美紀がまた、車両中に響くような大声を発した。向かいに座っている都筑先生も、微笑みながら蓉子と美紀を見た。蓉子は都筑先生もきっと楽しいのだと感じた。

第四章　マロニエの花——一九七四年（昭和四十九年）春

1

「長い間のご無沙汰申し訳ありません。

パリでお会いしてからすぐ後、こちらでは復活祭のヴァカンスが、三週間程度ありました。物価高の折、その間、petit boulot《プチブーロ》（アルバイト）をせざるを得なくなりました。日本館での委員長の仕事と合わせて、全く疲労困憊の極に陥りました。

屈託した気持ちになり、筆を執っても最後まで至らずに投げ出してしまう日の繰り返しでした。あなたへの不義理の原因です。

パリのオデオンの写真、皆よく撮れていますね。卒業式の写真も有難う。昨年九月に日本で最後にお会いしてから、あなたにも、色々な問題が重なって、辛い思いをしたことくらいは、僕にも推察できます。

しかし、パリに来た時、あなたは常に一人ではなかったし、「フランス語の先生」にすぎない僕に、たとえ話す時間があったにせよ、何かを語り得たかどうかは疑問です。フランスで会った時に、僕があなたの目にどう映っていたかは、知る由もありません。けれど、少なくとも、僕を介して、ノートル・ダムやフォンテーヌブローに慰めを見出せたのでしたら、僕にとって嬉しいことです。

人というものは、自分の感情の深さによってしか、外界のものに意味を与えることができない。ですから、あなたの反応は、別に僕を驚かすものではありません。

しかし、悲しいことに、人には時として、失望、落胆の日々が続くこともあります。その時に、何を信じるかが、おそらく問題になるのでしょう。

この点に関しては、僕は非常に単純で、人間を信じる心算にしています。あらゆる意味での紆余曲折を経た上で、信じるということですから、幻想みたいなものです。

ところで、八月に来られる由、今度は一人でしょうね。予定が定まったら、なるべく早く知らせてください。お元気で。

四月二十五日　都筑高明」

2

「一年目の勉強が今日で終了しました。この一年は、どんな年であったか、うまく説明できません。でも、授業や当地での生活を通し、今まで経験できなかった事柄を、あらゆる器官を総動員させて、体験できたような気がしています。

そういえば、日本でも、ゴールデン・ウイークの週が今ですね。あなたは家にいて、ラテン語や中世英語の勉強など、されているのですか？　まさかそんなことは！　日本も今が一番いい季節でしょうね。

四月の終わりに、一時帰国した友人のスライドを見せてもらったら躑躅《つつじ》が実に綺麗《きれい》に咲いておりました。あなたの手紙にも書かれてあったことと、大学の前の庭にたくさんあった躑躅を、思い出しました。夕暮れの中に浮き出した感じがいいですね。

中世英語と言えば、二ヵ月ほど前、本屋で、手引書を見付け、時々眺めています。題名は『Manuel de L'anglais du Moyen Age（中世英語の手引書）』で、パリのAUBIERの本屋から出ています。文法解説がおよそ百八十頁に、テキストが百九十頁（これが第一巻）。

この本は評判が良かったらしく、元々フランス語で出たものが、英語、ドイツ語に訳されたとか聞いています。参考までにお知らせしておきます。

中世におけるフランスとイギリスとの結び付きは、想像以上に大変なもののようです。以前、原語の『カンタベリー物語』を少し齧ってみました。

その時、註が付いている言葉の大半が、中世フランス語の知識があると、おおよその意味が解ることに気付きました。びっくりしたものです。

実際、ジャンヌ・ダルクで有名な百年戦争の頃には、たくさんの英国人がいたのです。今でも、ノルマンディやブルターニュには、多くの英国人が避暑にやってきて、ちょっと異色な感じです。

五月六日　都筑高明」

3

「お元気にお過ごしと思います。パリも徐々に、暑い日が多くなってきています。それでも、コートを羽織らないといられない寒い日も時々あります。初めてこの気候を経験する僕には、ちょっと辛い日々です。

さて、八、九月の僕のスケジュールですが、原則としてパリにいるつもりです。確かに、この時季はヴァカンスで、ほどんどの学生は、イタリア、スペイン、ギリシアなどの南国に発つようです。僕は、論文の作成のために、国会図書館に通わねばなりません。

僕は、楽しみは後にとっておいて（というのは、九月末におそらく論文審査があるので）、夏の間は修道士のような（?・）克己的生活を送るつもりでいます。

従って、あなたを迎えるに当たって、僕のほうには問題はありません。あなたと付き合う一週間の間は、完全にlibre（フリー）にしておきますので、ロワールなり、ブルターニュなり、お伴します。

以上は、あなたが八月に来られる計画を想定して、僕にできる予定を述べたのですが、あなたにとって事情は簡単ではないようですね。

踊りの名取試験や高校の授業の件について、具体的なコメントは何も言えませんが、あなたに「夏のパリに出会いたい」という気持ちと、計画を実行に移せる材料とがあったなら、思い切って実行してみたらいいと思います。

あなたの質問に充分に答えられえたかどうか、非常に心配です。あなたが自分の生き方について、一生懸命に考える時間（おそらくいつまでも、こんな時間は続かないものでしょう）、のみならず、そのために自分が行動できる境遇を嬉しく思いながら……。

六月二十五日午後五時　都筑高明」

4

「パリはどうやら夏らしくなり、観光客も目立って多くなってきました。パリ再訪は十月にされたとのお手紙、季節的には八月よりもよいと思います。

あなたが八日付の手紙で触れているドイツ留学の計画については、複雑な気持ちがします。

といいますのは、僕自身が最近、長期のパリ生活の結果、何らかの変化を蒙っている自覚を持つようになっているからなのです。

自分が変わったと感じる発見は、ある意味で恐ろしいです。失うこととも通じるからなのでしょうか。逆に、このような内部での変化は、おそらく、こちらに来たために、生まれたものだと思います。

人はヨーロッパを知ろうとしてこちらに来、自分自身について知らなかった部分に驚く、といった名言（?）ができそうです。

あなたが、ドイツに長く滞在したら、きっと、急激な変化があなたの内部に起こるでしょう。常にあなた自身を意識している限りは。その変化は、多少とも、人生の深淵といったものを垣間見せる経験に連なっているでしょう。

もし、あなたのドイツ滞在が実現したら、掛け替えのない経験を積めるものと思います
し、義務感を押しのけるという辛さを補って余りある感慨が持てるものと信じています。

七月十六日午前二時四十五分　都筑高明」

蓉子様

5

「パリは、このところ、とても暑い日が続いています。日本の夏も暑いのでしょうね。
あなたは、この夏休みはどのように過ごしていますか?
僕は、今、森有正氏の『流れのほとりにて』を深い感動の中で、読み終えました。
あなたが三月にパリに来た時、オデオンのレストランで、河野さん（おひげの先生）と
話題にした日本館の館長の森有正さん、名前は覚えていますか?
日本人の書いた書物では、希薄になってしまう「人間」の意識——思想も歴史も芸術も
まさにそこから始まる根源としての「人間」の意識——が、森さんの本の中には、息苦し
いまでに集中しています。
宿命と自然を外部のものから内部のものに転じ、思想が真に思想として純粋な姿で生ま
れようとするのを、目の前に見る思いです。
森さんは、もう日本とかヨーロッパとかいう問題ではなく、現代の文明の変質の過程の

中で、その渦に抵抗して「人間の意味」を守ろうとしているようだ、と森さんのお弟子である辻邦生《つじくにお》さんが何かに書いていていました。

確かに、森有正氏の思索は、時代、国境を越えて、古代から今に至る「人間」の在り様を問う、雄大な作品であると、今夜僕にも思われました。

森有正氏の説く「経験思想」について、ここで簡単に触れておきますね。外界の事物に触れて、感覚に素直に直接入ってきた感動を、時間を掛けて、心の中で温めて、発酵を重ね、熟成させる。

そういった、自分の中で思いが深められた経験によって、より適切な言葉が選ばれる。これが森さんのよく使われる言葉、「言葉を定義する」という意味です。

のみならず、定義された言葉で、自分の経験を文章に表現した時、それまで、自分独りだけの経験にすぎなかった経験が自分を超えて、万人にも共感を与えることのできる普遍性を持つ思想となると。

だが、実際は人間がここに至るための道程《みちのり》に、どれだけの修業が、一人の人の生涯を懸けて、遂行されなければならないのでしょうか。

ここに至る道は、森さんは、ひとえに人間の努力に置いている。この人間的努力の根源、それのみが揺るがない形に我々を触れさせる。この努力そのものに意味があるのだ、と力説されています。

その形は実現されてこそ、そこにある。それが極限であるというのは、そこで人間もその全貌を露わさざるを得ないからだ。それなしに達することのできるものは何一つとしてない。詩作でも、音楽でも、みなその点では同じことである、と述べておられます。

僕らのように、一つの専門を生涯研究していこうとしている者にとっては、森さんのこの言葉に、畏れ戦慄《おのの》き、同時に勇気と励ましを貰える気がしてきます。

本を読んで、森さんの文章は抒情的で美しいなと改めて思いました。抒情性を持ち、詩的です。辻邦生さんが『城門のかたわらにて』を読んだ後に、「どんな小説よりも小説的であり、どんな詩よりも詩的である」と語っていました。

でも、森有正は詩や小説としては書かなかった。森さんは、時の流れに従って変貌する一つの意識の軌跡を、驚くべき忍耐力と持続力とを持って、内側から跡付けている。

森さんは、時々、外の具象を生のまま書き付けていますが、象徴の役割も果たしているように思います。外部の具象の精確な観察や記録から出発して、執拗に思考を続けていきます。

森有正の作品を構成している題材は驚くほど豊かです。パリのノートル・ダム寺院の大聖堂、ロマン様式の数々の教会。シャルトルの絵、バッハの音楽等々《などなど》……。

これらの題材が、すべて人間が「いかに生きるか」という森さんの中心的な問題に結び付いています。外界の具象的な世界との接触の脇に、生について、死について、絶望について、愛について、個人や社会について、生きた深い思索が繰り広げられています。

僕は、森さんは単なる随筆家、小説家、詩人などを遥かに超えたところで、作品を創作している作家だな、と思います。

今、本を読み終えて、森有正氏ほど、生命を懸けて、運命そのものを学問にした人はほとんどいないのではないか、と思いました。

今夜は森さんの『流れのほとりにて』に夢中になり、すっかり遅くなってしまいました。

おやすみなさい。パリにて。

八月五日午前三時二分　都筑高明」

蓉子様

6

「お元気ですか。新学期が始まり、さぞ忙しい毎日でしょう。この前の手紙にあった台風という言葉から、日本の夏の終わりを思い出しました。夏休みが残り少なくなって、帰京しようとすると、よく台風がやってきたものです。

さて、この二、三日のパリは、夏が戻ってきたような暑さで、久しぶりに半袖シャツを着て、街に出てみました。

しかし、近くの公園のマロニエは、もう実を落とすようになってしまい、秋は全く目の先です。あなたが来る頃には、枯葉がそろそろ舞うのではないでしょうか。

ところで、あなたのパリ再訪も、三週間で実現ですね。詳しい予定が分かったら、なるべく早く教えてください。今回は少しパリの外を案内したいと思っています。同封の写真は、今年の夏の初めに、パリの北郊外の Chantilly（シャンティイ）に行った時のものです。競馬場付き洒落《しゃれ》た小さな城です。

ブルターニュ、ロアール行きの件は、こちらで研究して用意しておきますので、任せてください。hôtel（ホテル）も、こちらで予約しておきますが……。日本の秋の香りが、あなたと一緒に来ることを待ちながら。パリにて

九月十六日　都筑高明」

蓉子様

7

「今年のパリは去年と比べ、ずっと秋が早く訪れ、変わりやすい天気も相変わらずです。僕の滞在も二年目になった感慨が溢れてきます。あなたにとっては、荒々しく過ぎたこの一年も、僕にとっては、いったいどうやって過ぎたのか、見当もつきません。

自分を忘れずに悔いることなく暮らしたのか。それとも、異質の環境の中で、folie（狂気）の内に、時を送ったのか？　その状態をあなたの再訪で確かめてみたかったのですが、先に延びてしまいました。

勿論恨んでなんかおりません。嵐のように過ぎるよりも、春風のように、いつも頬にあたる感じで、パリにいてもらったほうが、むしろ良いと思っているのですから。クリスマスには、パリには何もありません。クリスマスより、来年の春にいらっしゃい。それも、じっくり時間を掛けて。お元気で。また便りします。

十月二十一日午後　都筑高明」

蓉子様

8

「お便り有難う。手紙のない生活というものが、いかに味気ないか、分かりました。本日はクリスマスの二日前。冬至も過ぎたばかりで、日の短いのが印象的です。しかし、さほど冷え込まず、雪好きの僕には、がっかりの毎日です。ドイツの「黒い森」の雪景色を夢みるのですが、これもこの冬はお預けになりそうです。

研究が一段落つき、ほっとしているところです。ひっそりと静まり返った日本館の一室での一人暮らしも寂しいもので、ふと日本に帰ってみたい気も起こります。

来年は気篤な人がいたら、お嫁に来てもらいましょうか。……二十九歳（昭和二十年十二月二十一日生）一人身の繰り言です。どうか、良い年を迎えてください。

十二月二十三日　都筑高明」

9

「明けましておめでとう。今年もよろしく。

先日、日本から届いた年賀状を見ると、今年は兎年だそうですね。

今年の正月も意に反して、パリで迎えました。僕のした行動といえば、三十一日の夜、友人たちと、サン・ミッシェルの大通りへ、パリ風年越しの狂乱の風景を見学に行きました。大晦日の騒ぎは、話に聞いていたものより、さらに凄まじかったです。

道路にぎっしり一杯の車はクラクションを鳴らせ放し。これまた溢れんばかりの人間のほうは、酔いも手伝って、歌って、踊っての大騒ぎ。

果ては、道路に飛び出し、車を止めて、中にいる女の子にキスを迫る奴。車から半身を乗り出して誰構わず、Bonne Année（良い年を！）と叫ぶ奴。

陽気といえば、全くの陽気。馬鹿げているといえば、なるほど馬鹿げています。フランス民族の面目躍如と言ったところでしょうか。

僕は、日本的な湿っぽさは、自分で分かりすぎるせいか、あまり好きではなく、ラテンの明快さを好むのです。それも、かなり羨ましさの籠った感情だと分かっています。しかし、ラテン民族と同じように行動するのは、僕らには難しいです。いつか気持ちの切り替えが上手くいかず、疲れるでしょう。それでも、なおかつ、僕は単純明快さが好きなのです。

一言《ひとこと》で言えば、passionが好きなのですね。因みに、この言葉には、「情熱」という意味の他に、「(キリストの)受難」という意味があるのは、面白いです。

大晦日の騒ぎの件から、passionまで脱線しましたが、僕が今、気懸りなのは、あなたの留学の計画についてです。詳しいことが分からず、すみません。

人間の生活というものを見たいのなら、ヨーロッパに限ります。「人間の生活」と言うと、日本には、人間の生活がないような言い方ですが、僕らが常に模範と仰いできた(あるいは、こらされた)文化というものの底辺を見る……という意味です。

いずれにしろ、詳しい内容と、あなたの本当の気持ちや目的を知らせてくれたら、一言《ひとこと》くらい、助言ができると思います。

昨日から授業も始まり、僕も再び、別の論文を書く準備を始めています。相変わらず、雪のないパリの街が物足りなく、余裕さえあったら北のほうに飛んで行きたくなります。

僕は盛岡の生まれなので、雪が恋しいのですね。特に、正月休みに帰ると、庭の「お稲荷さん」と呼ぶ私設の社の街灯の笠に積もった雪と、黄色っぽい光の前をさんさんと落ちる雪の光景が忘れられません。

寒いのに炬燵に半身を入れながら、戸を開け放って、長い間、眺めていたものです。

では、兎年、良い年でありますように。

一九七五年一月七日　都筑高明」

蓉子様

10

「風邪など引かずに元気にやっていますか。

こちらは、生暖かい日が続き、全く冬らしくない天候なのですが、インフルエンザが大変な勢いで流行っています。僕も十日ほど前、熱を出して、二、三日寝込む羽目になりました。

風邪を引く前、正月休みには、一人でよく映画を見に行きました。館を出てからメトロに乗れば、十分ほどで、カルチェ・ラタンの映画街に着くので、すぐ出掛けられます。とにかく、映画館が多いので、あらゆるものを見ることができます。

僕の見たものは、ジェームズ・ボンドの最新作、ロマン・ポランスキーのやはり最新作『チャイナ・タウン』、イヴ・モンタンを巡るルポルタージュ、最も感激して、夏以来三度目のフェリーニの『Amarcord（アマルコルド）』など。

偶然とは恐ろしいもので、先日、あなたを知っている人に会いました。日本館に住んでいる竹下さんという三十歳くらいの婦人です。話をしてみると、竹下さんは、あなたの母校の出身で、英和女子大の附属高校で英語を教えていたというのです。当時は「熊倉」という姓だったようですが、あなたは覚えていますか。

竹下女史によれば、「ツジイ・ヨウコ」さんという生徒は、「かなり美人の、すごくできた子」という話です。竹下女史は、日本での職をすべて辞め、自費で比較文学の勉強に来ているようです。大変な才女で、愉快な人です。多分、英和女子大の中では、異色の女傑でしょう。

この二週間ほど、何となく無駄に過ごしたので、来週から、新規巻き直し、また、実験と古本屋巡りに精を出そうと思っています。

ついでに、情熱も回復しないといけません。一人暮らしでいると、外に向かって何か出ていないと、迷路に踏み込んだように、段々、深みに嵌り、疲れていくものですから。

あなたも、風邪なんか引かないで、やりたい計画をどんどんおやりなさい。

蓉子様

11

一月十八日　都筑高明」

「節分なんて、ずいぶん懐かしい言葉です。十八で東京に出てから、二月三日といえば、いつも寮か下宿で、迫り来る試験のため、徹夜で頑張っていたようです。

でも、子供の頃、いつも一年中で一番寒い時季なので、庭に雪が積もっていました。日も短い一日の夕方、「鬼は外、福は内」と、意味も分からないのに、叫び回っていた光景をよく覚えています。

僕の父は、割と行事に煩いほうでした。母親が豆を煎ると、子供たちを呼び集め、豆を撒く場所の分担を決めます。

僕は末っ子の甘えん坊でしたから、とても恐がりで、真っ暗な場所に割り当てられると、すぐに泣き出します。

それよりももっと恐いのは、みんなで年の数だけ豆を食べたあと、やはり家族の年の数だけの豆を袋に入れ、裏の四辻に捨てに行く役割です。雪明りの中を、滑って転ばないように、そろそろと歩いて、袋を四辻にさっと置き、一目散に裏の門に飛び込みます。何たる冒険だったことでしょう。十や、十一の僕にとっては！　あの頭の禿げた親父に、豆を煎ったお袋。もう田舎の故郷など思い出すまいと思っていました。それなのに、あなたの手紙の中の一言で、この末っ子の甘えん坊は、気持ちが和み、古い、古い昔の光景を思い出しました。

蓉子様　　二月十日午前三時　都筑高明」

12

「お元気ですか。

昨夜は、河野さん（例のおひげの先生。僕の料理の先生です。あなたがパリに来たら、勿論腕を振るってあげます）と、共同主催の月遅れの誕生パーティーを開きました。二人で、お煮しめと鳥の唐揚、それに数え切れないほどのビールと葡萄酒を用意しました。二十数人のお客さんを招待し、深更にまで及ぶ歓楽の限りを尽くしたのです。館長の森有正氏も顔を出してくれました。

森さんは、「この間日本の友達から来た手紙を間違えて、読まずに捨ててしまった」とか、「学生の答案を失くしてしまった」とか、ご自分のずぼらな性格の暴露話をされて、いつものように、僕たちを笑わせてくださいました。

あなたの先生の竹下女史（今は、Mme Haruko Kumakura）もイブニング・ドレスで現れました。

竹下女史はギターを弾き、歌を歌い、ダンスをして、大盛況でした。僕が二十九、河野さんが三十。めでたいのやら、めでたくないのやら。あなたの竹下先生は、黄色いバラを持って出現し、二人の胸に差してくれました。

僕は、赤いバラをと頼んだのですが、この花言葉は「情熱の恋」。女史は承知せずに、「嫉妬」という花言葉の黄色いバラを選んでくれたのです。でも、この夜は、全くのギャグ、冗談パーティー。

今朝まで、賓客として、どうにか頑張り通し、やっと八時頃、ベッドに就きました（あなたは入試やらで、とても疲れているのに、こんな話をしてごめんなさい。でも、夜の長い陰気なパリの二月の一夜を、みんなを楽しませる目的だったので、許してください）。起きたのが、夕方四時半。

宴の後のやるせなさで、夕焼けの綺麗な街に出てみると、何だか非常に悲しくなりました。嫌になりました。僕もまだ青春の真っただ中。こんな感受性なんて、年寄りが持てるでしょうか。だから、あなたもまだ青春の人です。少なくとも今の僕の年までは大丈夫。

もし、あなたが今、日本にあるすべての関係を絶って、パリに来てごらんなさい。夕陽のノートル・ダムを見たり、春の日のロワール川、霧深いブルターニュの海岸を見詰めてごらんなさい。

あなたの心は純粋培養のフラスコの植物のように、すべてに素直に反応し、表現し、同時に苦しむでしょう。あるいは歓びに満ち溢れるでしょう。人はいつも青春の人でいられるのです。

それを社会のしきたりの中で自分を規定して、「大人」になってしまうのです。今日、何だか、恥ずかしいくらいに悲しい僕は、そんな「大人」がとても嫌いに想え、「青春」がとても貴重に思えます。

少し、アルコールが入って、言いたい放題を言っている気になるのですが、とても本当のことばかりです。

何だか、おしゃべりの手紙になりました。明日の朝、読み返すと、きっと恥ずかしくて、投函できないでしょうから、今のうちに封筒に入れておきます。これが案外、僕の本当の姿です。

二月十三日　都筑高明」

蓉子様

13

「お元気ですか。パリは暖かい日が続いています。もうずいぶん前から、梅に似た西洋スモモの花があちこちで見られる状況になっています。この冬も、予想とは異なり、雪のないまま終わりそうです。日本の冬はどうでしょうか。今頃が一番寒いのではないでしょうか。

今は、朝の十時を少し回ったところ。金曜から昨日まで、Rouen（ルーアン）からやってきた友人が滞在していました。去年の秋、日本からやってきた、大学院時代の同級生で、学部時代からの親友です。

日本が懐かしくなっている様子、全く世話が焼けます。しかし、他人事ならず、僕も近いうちに、一時帰国したくなっています。何か目的があるのではなく、何となくという気持ちなのですが。

この頃は、色々考えてみます。ずっとフランスに残ったほうがいいか、それとも、日本に帰って、大学の教師になったほうがいいかと。今のうちは、前者の気持ちのほうが強いのですが、どうなるか、見当もつきません。

こちらにずっといれば、一生、旅のようなものになるでしょうが、常に自分と対峙するという面からみれば、とても興味のあることです。きっと、とてつもなく疲れるでしょうが。

今のこちらの生活は働いている訳ではないので、色々考える余裕があって気に入っています。でも、結局、最後は、誠意の問題かなと思います。つまり、「自分を偽らない」ことです。

前にも書いたと思いますが、異国の地に放り出されてみると、「自分」しか残らないのですから。自分を裏切ったら、何が残るでしょうか。自分とは、何かと問い詰めていくのも、とても辛いものです。

仕事に追われているあなたが羨ましいと言ったら怒りますか。なるほど、僕には研究があるのですが。行き詰まった時の心苦しさから、時々逃げ出して、何でもいい、とにかく時間の過ぎていくものに忙殺されたくなります。

何だか、ハキのない手紙になりました。この次は、景気のよいやつを書きます。

二月十七日　高明

蓉子様

14

「本日は全くの好天気で、実に澄んだ空が目の前に広がっています。僕の部屋の前にある、三本の桜の木もだいぶ膨らんでいます。今年は三月中旬には満開になるのではないかと思わせます。

来週で一学期が終わりなので、休みになっている授業が多いようです。僕の出ていた講義も先週の月曜日に終わりました。代わりに面白そうな授業がないかを探していました。コレージュ・ド・フランスの一コマが興味ある標題だったので、昨日出てみました。「中世末期及びルネッサンス期ヨーロッパにおける恐れと宗教」という題です。中世と言えば、百年戦争、ペストなど、社会的に混濁した時代を考え合わせて、興味ある授業です。

こちらに来て、実生活を見、古い記念物をあちこち訪ねました。系統だってこそいませんが、中世の本を乱読し、話を聞いているうちに、フランス中世が身近な感じになってきました。

一つには、今のフランス人の原理のようになっているデカルト的思想が確立されておらず、ギリシア・ローマ、それにゴール民族、ケルト・ゲルマン民族などの様々な伝統が混在しています。

その中に人間の生活行動、思想形態が現れているのが僕の気に入っている理由なのだと思っています。

デカルト的思想（フランス人の体質に合っているに違いないので、個人レベルの思想といっては間違いなのでしょうが）が、はっきり形を取り始めてからの様々な文学的試みは、いずれにしろ、対極に「デカルト」を意識せずにはおれないのですから、一つの枠を填められたようなものです。

それに対し、中世の思考は（結果的には、デカルトに向かって収斂していくのですが）、今の僕らとは異質のものに見えながら、深いところで繋がってくるような気がします。

つまり、一方には、厳格な形式の尊守（例えば詩型）がありながら、他方には、驚くほど多様で自由な発想があるのです。このアンバランスが想像力を刺激するし、僕らを謙虚にもします。

ちょうど、日本語の省略の多い、深い味わいのある文章を読むのに似ています。常に行間に何かを持ち、語と語の間に、想像力で橋を架けるのです。ですから、その時代についての知識が必要となり、最後には柔軟な発想と想像力が決め手になります。

まるで、自分の能力を計られるようなものです。でも、それが楽しいことなのです。僕は自分が通信工学者ではなく、哲学者の気になっています。言葉のもっとも深い意味においてのことですが。

二月二十日　高明」

蓉子様

15

「もう一年になるのですね。時間が経つにつれて鮮明になってくるイメージがあるのでしょうか。連続的には思い出せないけれど、一つ一つの場面が、まるで昨日の現実のように、頭に浮かんできます。

フォンテーヌブローの雨、あの停車場で汽車を待つ間、外を眺めていた姿とか、バスティーユからノートル・ダムの見える川岸まで歩いた道、エッフェル塔からの夕暮れ、〈カキ〉を食べたオデオンのレストラン。

悔やまれるのは、僕がまだ充分にこちらの生活に慣れていなかったせいか、疲れ易く、充分に親切ではなかった点。あなたがイギリスに発つ朝に、何故送りにいけなかったのか、残念な気持ちです。

あれから一年が過ぎた今の心境は、淡々というよりも、むしろ沈んだ感じです。

一人でいる時は、ぼんやり窓の外を眺めたり、映画を見に行ったり、行動半径が狭くなりました。人に会いたくないのが正直なところです。

あと一週間もすれば、復活祭の休暇になり、四月六日まで続きます。この間に、フランス全土は、あっという間に花に覆われ、本当に春になります。北のフランス、特にブルターニュ、ノルマンディは穏やかな日が続きます。

ブルターニュやノルマンディを、あなたを案内して回ろうという心積もりだったのですが、「卒業式以外予定のない春」なのですから、駄目なのですね。一人だったら、汽車に乗って、一泊でブレスト（西端の地）の海でも見て帰ってきます。

三月十一日　高明」

蓉子様

16

「あなたの便りも四十通目になりました。手紙が航空郵便になった時は、格下げになったのかと、がっかりしたものです。

だが、世の中には知恵者がいて、「これはたくさん便りをくれる用意である」と、判断した人がいました。（勿論、抽象的に問うてみたのですが）。この人が知恵者かどうかは別として、優しいことを言ってくれる人として、一目置いてあげようと思っています。

東京は春らしくなったようですが、ぐずついた天候が続いています。雪が連続して降ったり、花の椿も萎んだり。お日様は全く顔を見せず、雨がしとしと降っています。冬に戻りました。

二十二日からイースターの休みに入って、日本館も、多くの人がヴァカンスに出ているので、のんびりしています。とはいっても、Rouen（ルーアン）から知人が出てきており、知らん顔をしている訳にはいきません。付き合っているうちに、一週間が過ぎました。

何度も手紙を書き出したのに、実に、五度もドアをノックされて、止めてしまったのです。だから、今まで便りが延びたのは、僕の意志に反してなのですから、了承してください。

今日の午後は、三十日に日本に帰る先輩の荷物造りを手伝いました。この人は後藤さんといって、今度、明治大学の先生になる、僕と同じ通信システムの研究している人なのです。しばらく会えなくなるので、淋しい気もします。

みんなで飲んだお酒が心地よかったです。後藤さんとの楽しい思い出が蘇って、和やかな気分で、この部屋に戻ってきています。

このところあなたの旅行のこと（実に一年も経ったのですね）を思って、何となく気が鬱《ふさ》ぎました。

お金さえあったら、日本に行ってみたいとまで思っていたのです。（今でも、行ってみたいのに変わりはありませんが……。）それが、この後藤さんという先輩の存在を思い返してみると、心が和んで、慰められた気持ちになっています。

一つには、みんなで会食に行く前に、あなたの手紙を受け取ったことも大きな原因に違いありません。（普段は朝、受け取り、コーヒーを沸かして、タバコを喫ってから、封を切る習慣にしています）

ところで、お誕生日に、何か送ってあげるつもりでいます。何がいいですか。至急知らせること。（郵便の関係で遅れるでしょうが、そこは我慢してください）
今日は、乱筆でごめんなさい。こんな手紙でよかったら、誕生日までに、五通くらい出します。

三月二十七日　高明」

第五章　鈴蘭《すずらん》の夢

――一九七五年（昭和五十年）春

1

「パリは相変わらず、寒い日が続いています。桜もポツポツ咲き出しました。しかし、雪や冷たい雨に打たれて、精彩がありません。

あなたが、またこちらに来るのは、嬉しいニュースです。気候からいったら、五月が最高。六月も、悪くはありません。

五月はマロニエも美しく、街全体が花と緑に覆われて、何とも言えません。この時期に来られるかどうか、可能性を検討してみてください。

ただ、七月は、おそらく、三週間ほど、Poitiers（ポワティエ）という所で開かれる、信号設計のゼミに出席する予定になると思います。まだ、決定していませんが、できる限り出てみたいので、七月の来仏は、しばらく保留にしてください。

四月二十二日　高明」

2

「雪が続いてどうなることかと思っていたのに、五日前から暖かくなり、昨日、今日と、遂に全く初夏の陽気です。陽も、八時近くまであり、リュクサンブール公園や、あちこちの街路のマロニエも繁ってきています。一、二週間もすれば、白い花が咲きそうです。全く、突然の光の洪水に戸惑っています。

最近は偶然ながら、オペラ付きました。二十日の日曜日、オペラ狂の友人と車で、わざわざ、ワーグナーの『ワルキューレ』を見に出掛けました。全部で四時間も掛かる大作なので、眠くなるのではと心配したのですが、なかなか感激で、オペラを見直したものです。僕は、やや凝り性の傾向があるので、これからオペラ座通いになるのではないかと心配です。

とにかく陽気がいいので、気分は爽快です。このいい季節に、あなたが来られないのが至極、残念です。大学院に入って、忙しくなったので、あまり無理もできませんね。

僕の夏のゼミの件、日程がよく分かりませんが、少なくとも、七月末以降はフリーになります。今のところは、その心算りでいてください。詳しい予定が分かり次第、知らせます。

四月二十八日　高明」

3

「今日は五月一日、メーデーです。フランスでは国民の祝日になっていて、ちょうど気候もよいので街は大変な賑わいです。多くの会社では、金曜日を休みにして、ちょっとしたヴァカンスになっています。

ところで、井上靖の『敦煌』を読んだと聞いて、とても懐かしい気持ちになりました。ずいぶん以前に、まず『蒼き狼』を読んで、西域文学が好きになり、同じ著者の『楼蘭』などの中の短編も、ほとんど読んだ気がします。何かしら胸躍るものがありました。

特に、トルコ系の民族など色々な民族が交じり合い、人質として送られてきた異国の花嫁などになると、空想が拡がったものです。

日本にいた時は、西の彼方の高原というイメージであったのが、今は、そこを飛び越えて、遂に東のほうになったのですね。ヨーロッパと地続きなのですから、とても近い感じがし、いつでも飛んで行けるような気分になっています。

しかし、実際は、極めて遠いところです。いつまでも、僕にとっては、魅力の土地になりそうです。

こんな感じは、きっと、日本人だけのものでしょうね。西洋人にとってはエキゾチズムの源泉はイスラム世界（北アフリカ、アラビア半島）、せいぜい遠くなっても、インドまでです。極東はあまりにも遠すぎて、想像力を掻き立てるまでには至らなかったようです。西域を舞台にした井上靖の小説の中でも、『敦煌』は出色のものだと思います。壮大な舞台を、勇壮な逞しい登場人物が駆け巡る趣です。しかも、その背後に自ずと時の流れが感じられます。

そこに特有の情緒が、醸《かも》し出されています。あなたの読書の範疇に井上靖があるなんて、ちょっと意外な感じがしました。

さて、パリの話をしましょう。もうマロニエが咲き始めました。毎日の好天気で、すべての木々が葉を吹き、何か、その精気が満ち溢れて、息苦しささえ感じます。きっとあなたが見たら、「本当に、本当に……素敵」と、「本当に」が十回くらい出てくるでしょう。僕はそんなあなたが見られたら、とても満足でしょうに。

鈴蘭《すずらん》の花と、緑。忘れられない気がして、恐い感じです。もし、その目的だけのためにフランスに残ったら、掛け替えのない人生になるのでしょうね。

蓉子様　　　　　　　　　　　　五月一日　高明」

4

「今朝（十五日）六時にBordeaux（ボルドー）から帰ってきて、あなたの手紙を見付けました。お母さんの病気が大したことがなければいいと思います。僕の父親がやはり、これに似た病気になり（腸捻転でした）、長い間、入院していた経験があります。

腸の病気は急を要するので、恐いですね。どうか、充分に看病してあげてください。

僕のほうは、十二日（月）の朝から通訳の仕事でした。東京バレー団がボルドーのフェスティヴァルに参加するため、この朝、二台のバスを仕立て、ボルドーに向けて出発しました。

パリ―ボルドー間はおよそ五百五十km。お昼にはTours（トゥール）、そのあと、Poitiers（ポワティエ）、Angoulême（アングレーム）、と走って、およそ九時間の後、ボルドーに到着しました。とにかく暑い日で、その上、バスの中。通訳なので、助手席に座らされ、気の遠くなるような疲れでした。

三日目の夕方五時四十七分の汽車でパリに向かいました。途中でポワティエを通るので、八時頃、そこで下車したのですが、町中ホテルは満員。

止むを得ず、食事だけして、〇時五十一分の夜行が来るまでカフェで時間を潰し、パリに着いたのが朝五時二十五分。
ほとんど寝なかったので、手紙だけ読み、昼まで休み、今起きて、手紙を書いていると
ころです。
これで、僕のボルドー旅行の報告は終わり、これからまた、勉強を始めます。あなたに
もちゃんと便りを出します。

五月十五日　高明」

5

「お手紙有難う。旅行計画書を見ました。一口に言うと、あなたが計画した〈1〉と
〈2〉の二案では、〈2〉のほうが良いように思います。二度目のヨーロッパ旅行なのです
から、自由度の高いほうが好ましいし、範囲の広いほうが面白い旅ができるでしょう。
観光シーズンを避けて、九月にし、長くいられるほうが楽しみでしょう。今度こそ、ブ
ルターニュとノルマンディに必ずご案内します。僕は、八月九月は完全にO.K.です。
一つ提案があります。ミュンヘンから来るのでしたら、あなたを迎えがてら、僕も、ミュ
ンヘンに一日か二日、寄れないか、という案です。これは今、ふと思いついたこと。ちょっ
と先走りすぎたかな。

僕がミュンヘンまで行って、合流し、帰りにストラスブールやラインの城を見る方法もありますしね。とにかく、今のところは、〈2〉のほうが良い。これが、僕の意見です。

パリは今や、夜九時まで明りが残り、街も賑わっています。今、部屋で手紙を書いていると、実に多くの小鳥の声が聞こえ、高原の林の中にいる感じです。空気もやや肌寒いし、緑も多いし。でもやはり日本が恋しくもあります。では、以上、取り急ぎ。

五月二十二日　高明」

6

「お元気ですか。二週間前に速達で、あなたの旅行プランに対する意見を送りましたが、手に入りましたか。その後、消息がないのと、僕のほうの予定に変化ができたので、返事を待たずに筆を執りました。

先週の木曜日、こちらでの指導教授と会い、論文の件について話しました。その結果、今年はすべき仕事が多いという結論になり、Poitiers（ポワティエ）での夏季セミナーは来年にしたらどうかとアドバイスされました。

僕も、迷っていたので、教授の意見に従う計画にしました。もっとも、来年も出席できる保証は、どこにもないのですが、それでも七月中、フリーになれるのは有難いと思っています。

僕の感じ方と、教授の示唆が相俟って、今回の決定となりました。

僕にとっては、あなたを迎える上で、カバー範囲が七月以降、九月末まで全部になったので、よかったと思っています。ですから、この前の僕の意見に捉われず、自由に決めてください。これが今回、最も言いたいことです。

パリは相変わらず低温続きですが、日だけは一日一日と長くなって、八時半にやっと太陽が沈みます。それで、つい夜更かしするのですが。四時半というと、もう陽が昇り、目まぐるしい感じです。

六月十一日　高明」

7

「お元気ですか。しばらく便りがないので心配しています。高校の期末試験などで暇がないのだろうかとも想像しています。病気で寝ているようなことがあったら、とても心配です。

一週間ほど暑い日が続きました。連日、日本晴れ（?）で、二十八℃〜三十℃まで気温が上がり、真夏のようでした。その間の一日、通訳のアルバイトで、パリから南東へ二百

kmほど下ったAuxerre（オセール）や、Orléans（オルレアン）へ車で出掛けました。

この日は、とりわけ暑い日の上に、車で移動したので、まるで蒸し風呂の中に入ったよう。しかし、車の中から見る田舎の風景は、なだらかな丘が続く緑の中に、小さな森があったり、ロワール河にいずれ流れ出す小さな川があったり。牛や羊が群れていたりして、全く長閑《のどか》なものです。

パリの暑い日も昨日の日曜日で終わり、今日は普通の気温に戻りました。薄曇りの中で、雨がパラつく少し肌寒い日になっています。もう日本の梅雨は始まりましたか。アジサイが咲いて、雨がシトシト降る光景は、東京の下町辺りの典型的な風情であるな、などと思ってみます（最近、永井荷風を読んだので、こんな光景が目にちらつくのです）。

研究のほうは相変わらずです。相変わらずとは、毎日毎日、同じような作業をして、データを集めているという意味です。こういう細かい作業をしていると、哲学者が羨ましくなります。外でも眺めながら、壮大な宇宙論でも組み立てていたら、気が楽でしょうね。もっとも、そんなことをしている哲学者は、世界中でも、僕の想像力の中にしかいないでしょうが……。

では、あなたが病気でないことを祈って。また便りします。

六月二十三日　高明」

8

「お元気ですか。六月も、もう今日で最後。明日からは七月です。様々な理由で、日本館を離れてゆく人たちがいる一方、夏のパリに語学研修に来るグループが到着します。僕の住まいも、何となくざわめいた空気が漂っています。

外からは夜になると、日を問わずに、音楽と叫び声が聞えます。まるでリオのカーニヴァルが移ってきたかのよう。こんな動きの多い日々の中でも、去ってゆく僕の友達を思うと感慨が湧いてきます。

特に僕は来仏早々、右も左も分からない時期に、勿論フランス語もまだ覚束ない頃、委員会の長にされました。おかげで、思わぬ人たちと知り合いになったこともあり、去っていく人が多いのです。

論文を終えて故国に帰ったギリシア人とカナダ人。日本の文部省の給費を得て、日本に行く、僕が初めて話を交わしたアルザス生れの坊や。それに年限超過で出ざるを得ない、ドイツ人等々。いずれも、僕に俗語を教えた張本人です。

こういった外国人とは、もう恐らく絶対と言ってもいいほど、会うはずはないのに、なぜか寂しい気持ちにならないのが不思議です。

自分が望んでも、とうてい実現できない諸々があるという発見から来るやるせなさにも似た寂しさとは別の次元の感慨があるのも、しかし、本当です。こんな発見は、少し多すぎますから。

言ってみれば、自分の生の流れの中で、自然に淀んでくる何か、でしょうか（いささか、福永武彦流になってきたけれど）。僕もまたまた、自分の中に死人を堆積させるということです。

もし、生きてゆくという行為の一面が過去の積み重ねであり、過去が非現実となって帰らぬものだとするならば。こんな思いの重さが沈没して、ボンヤリと考え込んでいるのにふと気が付く場面の多い日々です。

それともまた、こんな死人たちを訪れる辛い作業がいつか自分の中に課せられて来る日が来るに違いない予感もあります。十年後か二十年後か、いつか突然にやって来るのでしょうね。

こんな思いを抱かせる外国人たちとは別に、日本人の友人たちの帰国風景はそれぞれ華やいだものがあります。一番長い友人では、九大の河野君（また髭を伸ばし始めました）で、九月末に福岡に帰ることに。河野君とはいずれ、福岡で、飲む約束が成立しています。

さて、書いているうちに、もう七月一日になりました。あなたも、もうすぐ夏休み、ゆっくり休養して、鋭気を養ってください。

七月一日　高明」

9

「確か十八日に出発と言っていたので、この手紙が届くのは、その前日くらいでしょうか。もう準備も完全に済んでいるに違いないと思っています。今までの夏休みはどうでしたか？　日本の夏は、まだ暑いでしょうね。

パリは八月の初めには、三十度の日が一週間以上続いたのですが、二、三日前から雨がよく降り、まったく凌ぎ易くなりました。

あなたがミュンヘンに着いてからの連絡のことが気になっています。多分、ハイデルベルクやローテンブルクに出掛けるでしょうから、ＴＥＬしても、いてくれるかどうか。日程が分かったら、ミュンヘンから便りをしてください。

その前に多分、あなたが着いていると思われる頃の朝にでも、こちらから一度、電話をするでしょう。パリから直通ですし、平生、中央郵便局の前を通っていますから、簡単です。

きっと、かなり肌寒い日があるに違いないので、その準備だけは忘れないように。

八月十日　高明」

第六章　ブルターニュの霧——一九七五年（昭和五十年）初夏

1

五月のゴールデン・ウイークも過ぎた、日曜の浅い夕暮れ時であった。母の昌子が突然、胆石の発作を起こし、七転八倒に苦しみ出した。

「痛い、痛い。お腹がものすごく痛むの。痛くて、痛くて。こんな痛みは初めてよ」

昌子の顔は、血の気が失せて、真っ青だ。

「そんなに痛いの？」

「とても苦しいわ。もうだめ。我慢できそうもないわ」

昌子は蓉子の顔を食い入るように見ている。

「困ったわね。どうしたらいいの？」

「今すぐ、電話で救急車を頼むから、待ってくれ」

宏樹が急いで、受話器を回す。十分くらいして、救急車が止まり、救急隊員の男性が玄関先に入ってきた。

「どうされましたか」

「母が今急にお腹が激しく痛み出しました。本人は、歩けないのです。どこか近くの病院にお願いできますか」

「分かりました。今、担架を持ってきます」

若い救急隊員は、車の中から、折り畳んだ担架を抱えてきて、昌子の部屋のベッドの脇で広げた。茜色の空の下、昌子は救急車に先導されて、家の近くの荻窪病院に搬送された。

病院に着くと、当直の神田医師が到着早々に撮ったばかりの、X線写真を見せて、「胆石が詰まっていますね。ここに、縦三mm、横五mmの石がありそうです」と、告げた。

昌子は不安そうな顔をして、神田医師を見ている。

「薬で散らす方法もありますが、手術にも、開腹か、内視鏡か、超音波破砕もあります。超音波の破砕手術が最も簡単で、開腹の必要がないので、術後の回復も早いですよ」と、神田医師は昌子に説明した。

「麻酔は昔ショックを受けた経験があります。それ以来、麻酔は怖いので、手術はなるべく、避けたいのですが」と、昌子は心細そうに神田医師に答えた。

「開腹か内視鏡か、どちらがいいかは、考えましょう。手術の場合も、超音波の破砕手術がいいか、開腹手術がいいのか、検討します。ただ、どちらにしましても麻酔は必要ですよ」

「できるだけ、薬で何とか溶かせるようお願いいたします」

昌子の希望で、薬の治療がしばらく続いたが、その間、痛み止めは錠剤も点滴も、ほとんど効かなかった。せいぜい、一時間から長くても二時間程度で切れ、七転八倒の悶絶状態が続いた。

昌子は不眠のせいで、どんどん衰弱していく。栄養剤の点滴も付け焼き刃でしかなかったため、蓉子は一ヵ月ほど昌子の病院通いに費やされた。

その時は、蓉子はまだ、八月のパリ行きは必ず実行しようと固く決めていた。蓉子は、一年前の三月にノートル・ダム寺院を見て以来、大聖堂のゴシック建築の極みの姿が胸に焼き付いて離れない。もう一度どうしても、ノートル・ダムを見たかった。

大学を卒業してから一年半、ただただ、パリに行こうとの強い思いで、高校の非常勤講師の僅かなお給料をひたすら溜めてきた。週三回の教えに行く日の昼食は、いつもラーメンを啜って節約した。

その他に、父の宏樹が学生時代のまま、手渡してくれていた毎月一万四千円のお小遣い、週二日の早稲田大学の英文学の教授の秘書のアルバイト代を加えて、貯金はかれこれ、五十万円近くに貯まっていた。もう、充分パリに行ける費用だ。

六月の半ばに、昌子は無事に退院した。しかし、退院後間もないある夜更けに、今度は、宏樹が突然、苦しいと、胸を押さえて、蒲団に蹲るように倒れた。

「パパ、大丈夫？　どこが苦しいの？」

蓉子は悲鳴を上げて、父を抱き抱えた。

「胸が、胸が……。ううう っ」

「近所の木島先生にお電話するから、しっかりして」

その夜、夜遅くに木島先生が駆け付けてきた。

「軽い狭心症かと思います。榊原病院の循環器内科の佐藤先生に紹介状を書きますから、明日にでも、お嬢さん、紹介状を取りに来てもらえますか」

「有難うございます。では、明日、伺いますので、よろしくお願い致します」

七月になって、榊原病院での検査の結果、佐藤先生から「心筋梗塞ではないか」との診断を受けた。

「狭窄があるのだと思います。近いうちに、カテーテル検査をして、その状況次第では、バルーンの施術をいたしましょう」

　蓉子は、父母が死んだら、この先、自分は一人でどうやって生きていけるだろうか、と毎夜蒲団に入ると、急激な恐怖に包まれた。一人っ子の自分は、この世にたった独りきりになる。

　突然の両親の体調の崩れで、本当に八月十八日にパリに行くのだろうか、行けるのだろうかと、出発日が近づくにつれて、蓉子は迷いと不安が過ってきた。

　しかし、それでも、飛行機のキャンセルは、せずにいた。やはり、自分はパリには行こう、と思っていた。

　しかし、現実には、なかなか難しいものがあった。これまで、昌子の介護は、昼間は、家政婦紹介所から派遣される家政婦さんを頼んできた。それで、何とか宏樹も蓉子も仕事に出ることができた。

　だが、毎月四十万円の給金を払っていても、家政婦さんは、夜までは、昌子の世話はしてくれない。夜は、宏樹が毎晩、夜中に、二回か三回、起きて、昌子の世話をしてきた。

　しかし、宏樹の具合が悪くなると、母の世話を父にだけ任せるわけにはいかない。さらに、七月末のある日、まだ、完全に回復していない昌子がベッドから弱弱しい声で、蓉子に懇願した。

「蓉子さん、あなたのパリ行きは応援していたのよ。でも、今、パリに行くのは、やめてね」

昌子の事故以来、昌子を支える宏樹の献身と、子供の幸せのためには、どのような痛みにも耐えようとする昌子の精神力が相俟って、明るく愛情に満ちた家庭に守られて、蓉子は成長した。健康な両親のいる家庭以上に、素晴らしい家庭であった。

両親はいつも、蓉子の自由を何よりも優先してくれた。昌子は特に。その昌子のたっての頼みである。

「そんなことを言われても。でも……」

昌子にそう口籠った瞬間、蓉子は突然、この状況でパリに行けば、もしかしたら、都筑先生と結婚するような気がした。

都筑先生からは、これまで、結婚の言葉など聞いた覚えはない。まだ、留学生だから、結婚なんて考えられないのかもしれない。

でも、今、パリに行って、都筑先生が優しく案内してくれたら、自分はもう日本には帰ってこられないかもしれないのでは？

こんな発想は、蓉子には、これまで一度も、想像さえしなかった気持ちだった。そんな風に、なぜ、自分は今になって思うのか、蓉子は突然、胸に湧き上がった自分への問いかけに、戸惑っていた。

八月も一週間余りを過ぎて、蓉子はパリの高明に葉書を出した。

「急なご連絡で申し訳ありません。家の事情が変わって、私はこの夏のパリには行けなくなりました。突然の取り止めで、ごめんなさい。お許しください。辻井蓉子」

八月十五日の夜九時半、蓉子の部屋の電話のベルが鳴る。受話器を取ると、都筑高明からであった。蓉子はびっくりした。高明からの国際電話を受けたのは初めてだ。

「たった今、パリには来られないとの、あなたの葉書を受け取り、急いで電話をしました。来られなくなる事情ができたのですか？」

しかし、高明は、それ以上は深く、取り止めた事情を蓉子には訊かなかった。国際電話という理由もあったが、蓉子も敢えて詳しい説明をしなかった。

蓉子は、五月に高明に出した手紙では、母が胆石で入院した話は告げていた。しかし、蓉子が十二歳の時に、母が交通事故で瀕死の重傷を負い、一命は取り留めたものの、この十年、足腰の神経は遂に癒えず、半身不随のまま車椅子上で、凄まじい生活を営んできてきた状況を、これまで一度も高明に話したことがなかった。

「都筑先生には、色々ご計画を立てて頂いていたので、大変、申し訳なく思います。ノルマンディやブルターニュに行くのをとても楽しみにしていたので、私も残念です」

「あまり心配しないでください。こちらは大丈夫ですから。仕方がないですよ」

電話が切れたあと、蓉子はベッドの上に泣き崩れた。しばらく涙の流れるままに身を任せながら、蓉子は白い天井を見上げた。自分の目から溢れる涙は、パリに行けない無念さが悲しいのではない。

蓉子の手紙を受け取ってすぐに、わざわざ日本まで電話を架けてくれた、高明の心に感激して泣いている、と思った。

パリで会った時に着ていた高明の赤いセーターの綻んだ袖口を思い出した。国際電話は結構なお金が掛かっているであろうにと、申し訳ない思いが湧いた。

2

「だいぶ長い間、便りをしませんでした。どう過ごしていますか。もう、学校も始まり、色々と忙しくなっているのでしょうね。こちらパリは、もう涼しくなり、日も段々と短くなり、秋の気配濃厚といった感じです。

プラタナスなども場所によっては葉を落とし始めているし、時には空が高く見えて、ちょうど九月頃の日本の高原の様子に似ています。

こんな空をちょっと見上げると、二年という月日が時間を失って、青さに凝縮されてしまったかのような感覚が湧いてきます。

と同時に、自分が初めて符号系列を学び、紆余曲折を経ながらも、結局は迷い込んできた道程《みちのり》の長さと、その行先の覚束なさに、何か自分を愛《いと》おしく思えるような澄んだものを抱く思いがします。

ちょうど日々の中で偶然に選択を重ねてきた結果が一つの必然となるのを悟ったような感じと言ったらいいのでしょうか。でも、こんな気持ちも一瞬の間で、毎日の慌ただしさには閉口します。

今日は、明日帰る先輩と少し会い、また論文の仕上げが気になって、机に向かっていま す。

もう、だいぶ以前から、セーヌ川の畔《ほとり》を歩いていません。今、こうして、深夜に手紙を書いていると、あの川の岸も、遠い世界の情景のように思えてきます。思い出だけにある風景。

僕は書きながら考え込んでしまうので、変な手紙になっています。今夜はこの辺で、やめておきます。おやすみ。

九月十七日　高明」

3

「お元気ですか？　長いこと、あなたからの便りがないので、心配しています。

一つ、お知らせしたい要件ができました。僕が来年の春（三月初め）までに帰国する可能性が強くなったことです。前には、十二月に戻って、三月初めに、パリにやってくるつもりだったのです。しかし、こちらでの勉強を切り上げて、日本での生活を考えようという気になっています。

勿論、何も要素がなかったら、当初に思っていた通りにするでしょう。一つには、日本の主任教授から、阪大の情報通信工学科の講師のポストに推薦したので、三月初めまでに帰国したほうが宜しいと、言い渡されたのです。

まだこちらでの生活には正直に言って未練があるのですが、一生ずっと住もうなどという気も消えたので、だいぶ帰国するほうに傾いています。一年か、二年後にまた訪ねてみるのも、楽しいのではないかとも思うようになっています。

急に起こった事態なので、まだ自分でも完全に呑み込めていないのでしょうか。少々落ち着かない気分です。

一人で考えているのも疲れたので、書いてしまいました。こうして文字にしてみて、段々納得させようというのでしょうか。少しくらいは、話を聞いてくださいね。さようなら。

十一月三十日　高明」

4

「山脈を越えて吹き抜ける冬の寒気がパリの町を凍らせています。時折、聞こえてくる大聖堂の鐘の音も旅人の心を慰めてはくれません。

直線が互いに一度だけ交わって永遠に会うことがないように、人の世の交わりも軌跡が偶然に会うだけで、再び会うことのないのが本当かもしれません。そうするには惜しい何かがあなたの内にあるような、このまま放っておくにはもったいない何かがあなたの内に存する気がしました。

勿論、そんな想像は、僕があなたをよく知らないところから来る単なる幻想であろうと思われます。多分そうであろうとも思います。しかし、自分自身で事実を確認するまでは、諦められない気持ちが致しました。

今、いったい何を書いたらよいのか、そもそもなぜ書いているのか。最後のところで、僕を突き動かしているのは、結局、あなたの印象の残り滓に他なりません。気持ちを伝えられぬもどかしさをパリの雪に埋めて、僕は明日、ロンドンに発ちます。

たとえささやかでも、馳せた情念に対する踏ん切りがつきました。旅の途中で行き遇った、行きずりの旅人の手紙です。あらゆるものの風化と共に、思い出を崩れるままに風化させていきたいと思います。幸せにお暮しください。

一九七六年二月十七日　都筑高明」

辻井蓉子様

5

蓉子は、高明の手紙を握り絞めて泣いた。今すぐ、高明の元に飛んでいきたい思いに駆られた。それは、蓉子の結婚式の四日前の夜だった。

昌子に、高明の手紙を見せると、昌子も読んだ後、しばらく黙っていた。やがて、口をおもむろに開いた。

「蓉子さん、都筑先生には、今回の結婚を決めた経緯や状況を、お会いしてお話ししたほうがいいと思うのだけれど。パリから前に、お手紙も戴いていたのだから。誤解のないように、きちんと御挨拶をしておくべきだと思います」

結婚式ももう四日後なのに、母はなぜ、高明に会うよう勧めるのだろうかと、蓉子は驚いた。それでも、迷ったあげく、蓉子は昌子の言葉に励まされて、電話のダイヤルを回しかけた。

今なら、まだ間に合うかもしれない。そんな思いが蓉子の胸に怒涛のように押し寄せて来て、心が急かされた。

しかし、その回しかけた人差し指は止まった。自分の賽はもう投げられたのだ……と、蓉子は静かに思った。いつか何十年か後、後悔する時があるかもしれない。いえ、その時でも、自分は後悔したくないと祈った。

第七章　バビロンの流れのほとりにて——一九七七年（昭和五十二年）秋

蓉子は三枝紀彦と結婚して、目黒の東山にある官舎に住んでいた。

銀杏の葉が黄金色に色付いた、晩秋のある日の午後、蓉子が中目黒の駅前の本屋に立ち寄ると、薄暗い店内の中ほどの中段の棚に、一冊の本が目に付いた。

『バビロンの流れのほとりにて』と題する本で、著者は森有正とあった。

森有正？　都筑先生の手紙の中に出てきた、パリの日本館の館長をされていた森有正か？と思い、蓉子は本を手に取った。

その場で、ぱらぱらっと、頁を捲《めく》った。その時、蓉子の目に、真っ先に入ってきた数行の文章の塊があった。

「そのノートル・ダムの姿には、その灰色の空に斜にそびえる真白な鐘楼には、もう形の美しさを突き抜けた精神の美しさがらんらんとして、輝きながら、湧き出しつづけていた。それはもう形の均整のとれた美しさではなかった。美しい形を生み出さざるをえない精神の美しさそのものだった」

蓉子は、目を見張った。「形の美しさを突き抜けた精神の美しさ」、閃光を受けたような衝撃が走った。この一行に心が釘付けになった。蓉子が三年前に、パリで見た、ノートル・ダム寺院の大聖堂の姿が一瞬にして、目裏に浮かんだ。

夕暮れに、バスティーユから歩いて来た道の途中で、突然、浮き上がったように、聳《そび》えるノートル・ダム聖堂の後ろ姿を目にした時の感動が胸の中に、呼び覚まされた。あの時の自分は、涙が出そうなほど、自分を失いそうなほど、美しさに打たれた。

その時の感動はその後も、ずっと蓉子の胸に残っていた。だが、感動を、言葉にして説明することができないままの自分がいた。蓉子の感動したノートル・ダム寺院を、これほど的確に表現しうる言葉があるとは！　蓉子は打ち震えた。

建物に、精神があるなどと、蓉子はこれまで、一度だって考えた機会はなかった。あのノートル・ダム寺院を仰ぎ見た時も、ゴシック建築の精緻な美に感動したのであり、内在する精神の美など想像さえしなかった。

しかし、ノートル・ダム寺院が、あれほどに蓉子の心を打つ美しさを放っていたのは、単に建物の外側の形ではない。形を生み出した源は精神にあった。

形を貫くほどの美しい精神とは、如何なるものなのか？　蓉子は解明したかった。

蓉子は、『バビロンの流れのほとりにて』を買って帰ると、夢中で読み始めた。森有正は哲学者であるが、この本は、難しい論文調の本ではない。書簡のようでもあり、日記のようでもある。

森有正の文章は、嫋《たお》やかで、瑞々しく、抒情性がある。同時に深く沈殿していくような重みがある。これまでに出会った覚えがない清冽な印象を受ける文体である。

外側の精確な記録は、現実に密着しているようでありながら、詩のように、象徴主義の手法で描かれている箇所もある。

だが、詩ではない。全体に、深い悲しみが漂っているのに、記されている内容は、決して、感傷的、悲愴的には終わらない。ひどく硬質なものだ。ぴーんと張り詰めた氷のような冷気を感じ、身震いするような荘厳な気持ちになった。

詩のような象徴主義的な書き方が流れている中に、突然、「僕」の生涯を懸けて追求していく思想が凝縮されている。「僕」が精確に観察し、記録する外側にあるものが、自己の内側に結び付いていく。内側の「僕」は執拗に思考を続ける。今の蓉子に、「僕」の思索を正しく理解するには、なかなか難解の本だ。

さらに、文中に出て来る、パスカルやデカルトを始めとする哲学者や文学者たちの思想がどういうものか、蓉子には明確には解らない。また、旅の先々で、「僕」の心を突き動かす絵画や彫刻物や建物も蓉子は実際には知らないものばかりだ。森有正が意味するものを明確に掴めないもどかしさを感じた。

この時の蓉子は、『バビロンの流れのほとりにて』の本から、ただ一行、ノートル・ダムの「**形の美しさを突き抜けた精神の美しさ**」しか、真の意味で得心できなかった。しかし、この一行は、蓉子の心に鮮烈な印象を残した。

蓉子は、二年前の夏、自分はパリに行けばよかったと、その夜、痛切に思った。パリが恋しかった。仮に、一瞬の思い出にしかならない旅であったにせよ、自分は青春の記念碑として、あの時、何が何でもパリに行くべきだった、と激しく後悔された。

第八章　プラタナスの枯葉——一九七八年（昭和五十三年）晩秋

1

宏樹は、三年前の夏に、榊原病院で、心筋梗塞との診断を受けた。その後は、発作も収まり、しばらく元気に勤めに出ていた。ところが、九月半ばのある日、昌子から朝早く電話が入る。

「パパが喀血したの。急で悪いけれど、蓉子さんすぐ家に来てくれる？　今、木島先生にお電話をしたら、今度は東大病院を紹介してくださると。今週の木曜日に、東大病院で精密検査を行う予定になったの。打ち合わせをしたいから、来て欲しいわ」

十月に入り、蓉子は六月に生まれたばかりの潤一を従姉の前田治子に預けて、担当医師の春日部浩一に検査結果を聞きに行った。

「辻井さんは、喀血されたので、最初は肺結核を疑いました。しかし、検査の結果、肺の裏側に癌があるのが分かりました。三年前に心筋梗塞と診断されたのが実は癌でした」と、春日部医師から肺癌の宣告を受けた。宏樹はすぐに、緊急手術を受けた。

「すでに手遅れでした。胸を開きはしましたが、手の付けようがなくて、そのまま閉じました。これ以上いじると、出血多量になり、かえって、危険を招くと判断したためです。申し訳ありません」

と、春日部医師は蓉子に頭を下げた。術後一ヵ月、宏樹は癌の痛みに身悶えしながら、十一月の末の夜、亡くなった。

十一月二十五日の真夜中の三時頃、蓉子は、病院の霊安室を出て、地下を抜け、北病棟の裏にあたる古びたレンガの建物に囲まれた広場に出た。その広場の真中で、身が捩《よじ》れんばかりに号泣した。

翌朝は、枯葉がさらさら舞い落ち、足元を見えなくするくらい、埋めていく。その中を宏樹の柩を乗せた寝台車が上井草の家に向かった。家に着いた時、蓉子は昌子に抱き付いた。昌子も蓉子をぎゅっと抱きしめて噎《むせ》び泣いた。

夜更け、蓉子は柩に父の生前の愛用品を入れるため、宏樹の机の抽斗を整理した。中に父の古い日記帳を何冊か見付けた。父はこんなに日記を書いていたのか。昭和二十五年の一月から日記は始まっている。

蓉子は今まで全然気付かなかった。一冊を手に取り、頁を捲った。

「蓉子、蓉子はもう眠っているかな。ママの今度の事故はどんなに蓉子の小さな胸に大きなショックを与えたことだろう。それでも蓉子はよくこの悲しみを堪えて、迫り来る期末テストのために毎晩遅くまで勉強しているね。疲れ果てて眠っている眼には涙が残っているかもしれない。

二月十九日のあの事故以来、ただもう夢のように荒々しく日が過ぎてしまった。蓉子が何だか本当のこととは思えないと言ったが、パパもこんな大きな災難が自分の家に降り掛かってきたとはまだ実感できない。けれども現実は容易ならぬ事態がパパと蓉子の上に襲い懸かってきたことを厳しく示している。

そうだ、あの日もよく晴れた好いお天気だった。パパはあの日、身体の具合が悪くて早く帰ってきたが、ママが蓉子を迎えに上井草の駅の改札口に立っているのに会った。蓉子はあの日の前の日まで、風邪のため九度の熱を出して、三日間、学校を休んでいたので、遅い帰りを心配したママは迎えに来ていたのだろう。

パパは西武電車の踏切を渡る時、思いがけず駅でママを見て嬉しかったせいか、振り返ってママの顔を見た。

ママもパパの顔をじっと見ていた。二月の夕方はまだ暮れ切らず、いくらか明るさが残っていた。ああ、しかし、もう二度とママの元気な姿は見られなく、これが最後になろうとは——。

家に帰って、夕飯を食べたらすぐ寝ようと思って、自分の床を敷きかけていたのだ。そしたら蓉子が、ママがダンプカーに轢かれたと、裏の家の平山さんの奥さんに連れられて泣きながら帰ってきた。

だが、パパはたった今、駅でママの元気な姿を見て来ただけに、とても本当とは、すぐには信じられなかった。

ちょっと跳ねられた程度なんだろう。ああ、どうかそうあってくれと神に祈りつつ、事故のあった踏切を越えて、井草済生病院に急いで行った。蓉子も制服のまま病院に行ったのだったね。

病院には白い救急車が玄関の前に止まっており、警察の人や病院の人が行ったり来たり荒々しく動いていた。診察室からママの唸り声が聞こえていた。

パパは最初どうしてこの事故が起こったのか分からなかったが、おそらく蓉子がなかなか帰って来ず、パパが既に家に帰っているので、一旦、家に帰ってまた出直そうとでも思ったのだろう。

帰ろうとしたところを、学生とぶつかって、ダンプカーに轢かれたことを、病院に来ていたダンプカーの運転手や学生から聞いて初めて知った。

運転手は東京経済大学の夜勤の学生とかで、父親も来ており、挨拶された。学生は高校の定時制の生徒だった。しかし、それらの説明も夢中でよく話を聞かず、何だか警察や病院で出す書類に夢中で住所や名前などを書いたのを記憶している。

そのうち、外科部長に呼ばれて入って行ったら、脊髄骨折で、現在、助かるかどうかも分からず、たとえ助かっても、先ず下半身の麻痺は治るまいと、非常な重体の宣告を受けた。


昭和四十年二月二十六日」


読み終えて、母の事故の夜、父が蓉子に向けた言葉を思い出した。

「蓉子、いいか。たとえどんなことがあろうとも、しっかりするんだぞ。人間はこういう時が一番大切なのだ。こういう時に人間は本当に強くなれるかどうかが決まるんだよ」

蓉子は宏樹の言う一つ一つの言葉をしっかりと心に受け止めようとした。涙が止めどもなく溢れてきた。あの時の父の真剣な眼差しを、今もそのまま、鮮やかに思い出せる。

考えてみれば、宏樹の生涯は病気に埋められていた。中学時代、野球に専心し、腰を痛めた。その後も、腎臓結石、肋膜炎と、次々に襲う病と闘いながら、帝大を出た。五十を間近にし、平穏な暮らしに馴染むようになって間もなく、妻の昌子の事故である。

昌子の介護に人生の相当の時間を割かれ、最後は癌の激痛に苛まれながら六十二歳の人生を閉じた。宏樹こそ、苦しく短い生涯を駆け抜けた人だったように思えてならない。

この十四年間、宏樹は昌子への献身を義務としているかのごとく、納得するまで疲れも厭わずに捧げられた。そうする行為が、宏樹にとって、自分自身の誇りを傷つけず生きることと考えているようでもあった。

宏樹は元々人間愛の溢れる、情の深い人間だったと思う。宏樹の母校である金沢の旧制第四高等学校の理想として掲げている、「超然」を身に持って歩いているような父の人生だったと、蓉子は父を偲んだ。

2

お葬式は、親戚や宏樹の勤め先の人々など大勢の客が集まり、夕暮れには皆、散っていった。家は急にひっそりと静まり返り、蓉子は急に、言い知れない不安と寂しさに襲われた。その途端、紀彦がコートと鞄を右腕に抱えて、恐い顔で、蓉子に迫ってきた。

「この土日は、通夜と葬式で、俺は、辻井家のために二日も無駄にさせられた。いったいどうしてくれるんだ。俺は忙しいんだ。こんな所に、いつまでもいたら、たまったもんじゃない！俺は辻井家の養子ではないんだから」

紀彦は荒げた声の響きを残したまま、家の前に止めていた車に飛び乗り、目黒の官舎に帰ってしまった。蓉子は呆然として、潤一を抱きながら、フルスピードで遠ざかる紀彦の車を見送った。

その夜は、蓉子は昌子のベッドの下に布団を敷いて、赤子の潤一と昌子と三人きりで静寂の夜を明かした。

蓉子は、みんなが寝静まったのを確認してから、一人で起き出して、二階に上がった。嫁ぐ前は蓉子が使っていた部屋の机の抽斗から、結婚前にパリから貰った都筑高明の手紙の束を取り出した。四、五十cmくらいの厚みになる手紙の一つ一つの封を開けて読み返した。

この手紙には、高明の心が満ち溢れている。今、蓉子は初めて気付いた。自分は読み抜けなかったのか。

痛みとも哀しさとも言えない感情がひたひたと砂地に水が寄せてくるように胸の奥に染み入ってくる。高明が懐かしかった。同時に、この手紙を書いてくれていた頃の自分が愛おしかった。過去の取り返しのつかなさが悲しみとして湧き立った。

四時間ほどかけて読み終えた後、音を立てないように階段を下り、蒲団に戻った。なかなか寝つけなかった。

白々と夜が明けて来た時、昌子が、ぽつりと言った。

「都筑先生は、もう結婚されたのかしら?」

「知らないわ。確か、大阪大学で教えておられるはずだけど」

「都筑先生にお会いしたらいいのに。ママだったら会うわ。ご連絡してみたらいいのに」

蓉子は、母の発言に、驚いた。蓉子の倫理観からは、高明に会う行動なんて取れるはずがない。仮に、高明がまだ、独身であったにせよ、結婚して、子供もいる自分が今更、会いに行けるはずがない。

しかも、動けない母を抱えている。そもそも、高明だって、この状況を知ったら、今の蓉子の一切合切を引き受けるはずはないであろうに。

しかし、その瞬間、蓉子は思った。高明がもしこの話を聞いたら、動けない母と赤子を抱えた状態の今の自分でも、受け止めてくれるような気がした。

すぐに、自分もずいぶん独り善《よ》がりだなと、おかしくなった。高明にこんな勝手な思いを抱いた自分の心を急いで打ち消した。

それでも、今そう思った心に、蓉子は戦いた。非現実の幻の話で、蓉子だけの一方的な思いではあれ、一瞬でも、そんな風に今の蓉子が思えるほどの信頼を高明は自分に与えてくれていた！　と気付いた。胸が熱くなった。

3

お葬式後そのまま、蓉子は潤一と上井草の家に留まった。さっそく相続の手続きやお香典返し、七七忌の法要や納骨の手配、喪中の葉書の用意など、蓉子が一人で処理した。

夜は、昌子の寝返りの補助、シーツの交換、お小水を取った後の褥瘡の手当てなどで、夜中に三、四回ほど起きる。

その度に、ベッドに乗り、昌子の腰を抱えて奮闘した。蓉子が部屋の灯りを点ける度に、傍に寝ている潤一も目を覚まして泣く。

腰から下が麻痺して、左手も利かない昌子を車椅子に乗せるのは容易な作業ではない。ベッドの後のパイプに結んだ頑丈な紐を昌子の右手に掴ませて、背中を押して上半身を起こす。続いて、蓉子はベッドの反対側に回って昌子の両足首を持ち、腰を四十五度、手前に回す。その後、すぐ元の側に戻り、昌子の腰を抱えてベッドの際まで引っ張り、車椅子をセットする。

昌子が肘掛けを握り、お尻を持ち上げたと同時に、蓉子は車椅子の座面を両手で押さえ付ける。昌子のお尻が座面の縁に掛かるや否や、蓉子は両手を放す。

今度はその手で、昌子の腰を抱えて思い切り手前に引く。やっと車椅子に乗せ、そこでブレーキを外す。

ここまでも重労働だが、その先がさらに難事業だ。足台を正常の位置に上げてから蓉子は両膝を突いて昌子と向き合う。宙ぶらりん状態にある足を一本ずつ抱えて足台に乗せる。神経が死んでいる足でも、足台に直角に置かないと駄目だ。甲が伸び、昌子は全身つんのめった状態になる。昌子の足首を抱えて、何度も置き換えてみる。

あれこれ試行錯誤の末、昌子の足が納得する位置を定める。これにざっと一時間を費やす。一時は、右に左に呼ばれるままに、蓉子は家の中を走っていた日々が続いたりもした。

「潤くん、あなたのママは、今、おばあちゃまとあなたのために、大忙しなのだから、いつかあなたが大きくなったら、このママの力になってあげてくださいね」

と、昌子はまだ一歳にもならない潤一に呼び掛けるので、蓉子はおかしくなった。

潤一は車椅子の昌子の膝の上に乗り、廊下を走ってもらうことを、たいそう喜ぶ。

「そんなふうにすると、お尻に重みが掛かって、褥瘡を作りますよ」と、他の人からたびたび注意された。

それにも拘らず、「潤くんに頼まれると、おばあちゃま、断れないわ」と昌子は笑って、潤一を膝に乗せる。利かない左手も使い、車椅子を押しながら廊下を行ったり来たりした。潤一はキャッキャッと喜んだ。

新しい年が明けて間もなく、紀彦の父の晴彦から直接昌子に電話が架かった。昌子は大急ぎでベッドから起きて、車椅子に乗る。晴彦の激しい怒鳴り声が電話口から響いてくる。

「騙さんで、くださいよ。いつまで、蓉子さんをそちらに置いておくつもりですか？　辻井家では、蓉子さんは嫁に出すと、約束したでしょうが。早く、蓉子さんを官舎に戻してください」

「申し訳ありません。お父様のお怒りはごもっとも思います。昔、私を手伝ってくださった、青森のお手伝いの人に今連絡を取っているところです。その人がこちらに来たら、すぐに蓉子を官舎に戻します。しばらくお待ち戴きたいと思います。どうかお願い致します」

昌子は、電話の向こうの晴彦に、車椅子の上で、何度も上半身を折り、頭を下げて詫びている。その母の姿を目の当たりにして、親とは、こういうものか、と蓉子は、その場に呆然と立ち尽くした。

翌週から、上井草と中目黒間の蓉子の三日おきの往復が始まった。高田馬場駅の階段には凍てついた風が吹き上げる。生後八ヵ月の潤一をおぶって、数日分のおしめや下着、哺乳瓶を詰めた重いカバンも下げている。

蓉子は、高田馬場の階段を上がったり、下ったりしながら、「早くエレベーターができないかしら」と、心の中で愚痴っていた。

第九章　モンパルナスの灯
——一九八三年（昭和五十八年）冬

1

年明けから雪がよく降る。一九八三年の雪はこれでもか、これでもかと最後の力を振り絞るかのように、深々と降り続いた。

二月六日も、朝から大雪が降って、一面に真っ白な世界となった。潤一は大喜びで、紙袋に雪を沢山詰めて、大切な宝物とばかりに、嬉しそうにしている。雪はさらに降ってくる。

午後一時、付き添いの吉田さんから電話が入った。蓉子は潤一に身支度を整えさせ、外に飛び出た。

「さあ、潤くん、おばあちゃまの病院に行きますよ」

「また雪だ」と潤一は声を上げて喜ぶ。フードの中から、ちょこんと顔が見える。

「潤くん、滑らないように気を付けて歩きましょうね」

蓉子は病院までの坂道を上りながら、潤一の小さな手を握り締めた。一面、真っ白だった。あまりに美しくて、昌子のために雪が降ってくれたかのように見えた。

今まで病院に夢中で通ってきたけれど、この病院通いが、あと少しでなくなる。蓉子は大海原に投げ出される寸前のような思いがした。昌子が、もうすぐ、この世からいなくなる。

父の宏樹の亡くなった時は、抱き合って泣ける昌子がいた。昌子が亡くなったら、蓉子はどうやってこの現実を受け止められるのだろうか。胸の奥の奥まで、この雪と同化して真っ白に凍てついていくようだった。

その時、蓉子の心にこんな言葉が過《よぎ》った。

人間には魂の試される時がある。一度か二度はある気がする。かなり前、蓉子は一度大きく試された。あの母の事故の日に。二度目が今である。また不幸にも、魂の試される時を与えられた。

この雪は、蓉子の魂の試される時を迎えるために、用意された情景のように思えた。道はどこまでも白く冷たく続いていた。街路灯が青白い光を放っていた。雪は前より激しく降ってきたようだ。

その日、親類の人々が夕方までには病院に集まり、また、散っていった。結局、孝子伯母、淑子叔母、辰哉叔父と蓉子たち親子三人が、病室のソファーに身を擦り寄せて一刻を待った。午前三時五十分、昌子の息は止まった。享年五十八歳だった。静かな一瞬だった。来るべき時が来た！　蓉子は、ただ、死を受け入れるだけだ、と覚悟を決めた。

遺体を乗せる車が来るまで、しばらく暗い廊下に蓉子は呆然と立っていた。

「バーバ、死んじゃったの？」

潤一が蓉子の顔をじっと見て、尋ねた。蓉子は頷く。

「もうバーバは生き返らないの？」

蓉子は頷く。その途端、廊下中の沈黙を破るかのような大声で、潤一が号泣した。

「僕はバーバに生き返って欲しかったよ」

蓉子は我を取り戻した。どっと大粒の涙が流れ込んできた。四歳のわが子の慟哭《どうこく》を聞いて、自分は独法師《ひとりぼっち》ではないと思った。

自分の心を、自分の悲しみを真に分かち合える人間が、たった一人、まだこの世にいてくれるような気持ちになった。蓉子は潤一をぎゅっと抱き締めた。

2

その翌朝、蓉子は母の手紙箱の蓋を開けた。中に、蓉子宛ての手紙が一通ある。おそらく、昭和四十一年春頃、事故より一年以上を経て、初めてペンを握った時、書かれたものと思われる。

「蓉子様

蓉子のことを思った時、ママは何と詫びたらいいのでしょう。悪いママね。子供の蓉子にあれ以来数々の苦労を掛けたこと、これからもママはただ居るだけで何もして上げられない。

ママは時々考えるのです。ママは生きてよかったのかしらって。でも直ぐ打ち消す声がするのです。学校から帰った時お帰りなさい、と言ってあげられるだけでも、ママの体がどんなになったって、蓉子のママには変わりはないのですもの。

やっぱり生きて一生蓉子のママでいたいって。あの可愛い顔と優しかった蓉子にママはどうしたってサヨナラできなかったのです。許してね。

幼稚園、小学校、中学と蓉子のいるところいつもママが一緒でしたね。楽しい中学へ入って一年もたたぬ間に、あのような事件が起きるなんて誰が予測したことでしょう。だけど、どうか不幸とは思わないでください。生まれた時から人は何等かの各々の使命を持って生まれてきたのです。

ママはきっとこうした不幸の人たちの苦しみや悲しみを共に味わい、またそれを苦しみや悲しみだけで終わらないように励まし、慰め合いましょう。健康の人たちと同じような健康の心を持って、毎日を元気よく生きていくお手本にならなければならないお仕事を託されて生まれてきたと、この頃では思うようになりました。

だから、これからをまたパパや蓉子の幸せを祈りながら、再び戴いた命を大切に生きていこうと思っています。足手纏いになる時もあるでしょう。だけど、ママの手足となって、ママが正しく生きられるように助けてちょうだいね。

ママも少しでもパパや蓉子の迷惑にならないよう自分自身のゆく道をしっかり見詰めて頑張って暮らしますからね。精神的に深く結び合ってさえいけば、どんなものが押し寄せたって負けはしません。

美しい明るい家庭を築き上げられるかどうかは、これから私たち三人の心がけ次第です。苦しくなったら上を見上げましょう。青い空が果てしなく広がっています。悲しくなったら足下《もと》を眺めましょう。花も咲いているし、水も流れています」

3

三月になっても雪が多かった。四月になり、急に外が明るくなったと思うと、家の傍《そば》の桜並木の薄紅色の蕾が一斉に花開いた。桜が作るトンネルを潤一の手を引いて潜り抜けた時、蓉子は身が捩《よじ》れんばかりに号泣した。

なぜ、昌子は美しく見事な桜を見ずに逝ったのか。辺りが急に輝き出した眩しさに、自分の心だけが一人ぽつねんと取り残されたままついていけないもどかしさ。涙が出て止まらなくなった。

その夜床に就いてから、蓉子は前に読んだ『バビロンの流れのほとりにて』を突然思い出した。確か、本の中に、森有正が「DÉSOLATION と CONSOLATION」（悲しみと慰め）について触れた頁があった記憶が甦る。この二つの言葉がずっと心のどこかで気になっていた。あの言葉の意味は何であったのか。

蒲団から起き出して、本棚から六年ぶりに『バビロンの流れのほとりにて』を手に取る。急いで頁を捲る。すると、思い懸けず、森有正が自身の母親のことを書いた文章が真っ先に目に入ってきた。

「昨晩僕は夢を見た。見すぼらしい日本家屋に住んでいるお母様を訪ねる夢だった。僕の母は、

学習院では、学問がよくできて、テニスが得意だった。そのやせすぎな上品な顔には、いつも一抹の淋しさが流れている、高貴で正直な方である。母を考えると頭が狂いそうになつかしさでいっぱいになる。母を考えると、僕の悲しみの根源が深く母から流れ出しているのが判る」

この文章を読んで、蓉子はびっくりした。別の次元にいるとばかり思っていた哲学者の森有正の心と自分の心が、今や時を越えて、「母」を媒介にして、一分の狂いもなく、重なるように思えた。

蓉子の母も英和女子大では、学問がよくできたと、昌子の兄弟姉妹たちはよく語っていた。ピアノが得意で、ショパンのピアノ曲をよく弾いていた。高貴で正直な人だった。今の蓉子も、母を考えると、頭が狂いそうに懐かしさで溢れてくる。

蓉子の母も、涼し気で上品な瞳の奥に、いつも一抹の悲しみが流れていた。一九六五年の二月の月の冴える、凍りつくような夜から、二度と自分の足では歩くことがなかった母の悲しみ。蓉子の悲しみの根源も深く母から流れ出しているのが分かる。

森有正が今の自分とこれほどまでに近い感情を母親に抱く経験があった事実を知り、ひどく驚きだった。吸い込まれるように、先を急いだ。

「この頃になって、僕の存在がどんなに深く母の存在に根差しているかが判るようである。僕が母の子だからいうのではない。愛というものを結晶させる一種のかたちを僕の母の存在はもっているようだ」

蓉子の存在もどんなに深く母の存在に根差していたか。母は亡くなってしまったけれど、蓉子と母の繋がりは時間の長さではなくて、その濃さであった。

「愛というものを結晶させる一種のかたち」――の文章にも、蓉子は衝撃を受けた。何と美しい表現であろうか。しかし、美しいだけではない。蓉子の母に対してもぴったりと当て嵌る言葉である。蓉子が亡き母を語るのに、これ以上に的確な言葉があろうか。

母の死より、蓉子の胸の中にある母の像を忠実に表したくて、一生懸命に託す言葉を求めていたような気がする。その言葉を森が今、あまりにも正確に表してくれている。涙が溢れてきて、文字が霞んでくる。

森はさらに、「形となって結晶した喜びの中に空間のかなしみが張っている……」と記す。『バビロンの流れのほとりにて』の本には、悲しみが漂っている。森は人間の生きる世の孤独や人生や死を「悲しみのカリテ（質）」と捉えている。人間とは「悲しみ」――が、森の根本認識のようだ。

森は、またある夜、日本の家にいた頃の母や祖母の姿をパリで夢見る。夢の中の森の悲しみは、蓉子も言葉にならないほど、鮮烈である。「僕の中には、深い深いかなしみが限りなくわき出して来た。かなしみ？　それはかなしみとも言う余地のないほど深い感情だった。……僕

の胸はかなしみでいっぱいだった。黄昏の中のような風景が僕の中に流れていた」

今の蓉子の悲しみも、この夢の中の森とまったく同じだ。母の突然の事故の夜、あの夜の情景を思い出すと、今も心は悲しみの海になる。

さらに今は、どんなに母に向かって叫んでみても、母はもうこの世にいない。母の死は、蓉子にとって、「**空間のかなしみ**」と呼べるものに等しい。

この三十年の自分を育み、守ってくれた蓉子の父、母は永遠に消えた。同時に、上井草の家も、辻井の名前も、蓉子自身の来し方の三十年も消えた。その時、蓉子自身の人生そのものがギ、ギと鈍い音を立てて、回転していくような思いがした。

森は蓉子の今の心をそのままに描いていく。

「**遥かに遠く、過去の、もう何ごともはっきりとは識別できないほど遥か彼方になってしまった。黄昏の中まで続いている、この僕の運命と結びついた悲しみは、僕の中に、深いやさしさ……**」

しかし、森の言葉がどれほど美しく悲哀に満ちていても、抒情的、感傷的なものではない。なぜなら、森の言葉は、一人の人間が生きる行為の究極の姿をしっかり捉えて、発する言葉だからだ。森自身が「自己」を極限において見詰め、「人間が生きる」ことを、悲壮なまでに真剣に捉えているのが読む者に分かる。

「人生は自分にとって唯一回であって絶対にくり返さない。従ってとりかえしのつかないものだ、という自覚も、深く以上のことに根ざしている。僕たちは、人間が幾億人いようとも、自分であって絶対に他の人とは、置きかえられない人間にならなければならない。僕はこの人間の存在の極限においつめられたことを喜び、また悲しむ。この人生においては、こういう自覚は必ず不幸と苦しみを招きよせるからだ。人間とは、まず悲しみなのだ」

蓉子はこの数行を読んだ時、胸が打ち震えた。取り返しのつかなさが過去である。人間として生きること自体が悲しみなのだ。自分は、他の人とは絶対に置き換えられない。

森は「我思う故に我あり」を唱えたデカルトの研究者であった。このヨーロッパ型の近代的自我を確立した人間は、神の前で、唯一の個人である。突き詰めれば、孤独は深い。

他の人とは絶対に置き換えられない自分の人生が唯一回であるがゆえの悲しみである。また、生きることそのものが、その過去（取り返しのつかなさ）の重さに堪えなければならない。深く絶望的な孤独である。

人生は「唯一回であって絶対に繰り返さない」「生涯の中で唯一回……、むしろそういう一回の過程を一人の人の生涯と定義したほうがよいかも知れない」「時の流れは一度しか経過しないのだから。そして経過した時は絶対にとりかえせないのだから」と、森は何回か繰り返す。森は、「現実の時の流れの意味は、とりかえしがつかない、ということだ」と、悲痛な響きに聞こえるほどに叫んでいる。だが、深く厳粛な響きだ。蓉子もまた、この言葉の重みを自身の中で、今どれほど厳しく受け止めているであろうか。

　人生は一瞬一瞬が過去を堆積していき、過去は失われたもので満ちていく。人は、多くを失い、少しを得て、それでも尚、生きて行かねばならない。この真実は誰もが分かっているはずだ。これまでも色々な人が口にし、色々な書物にも書かれている。

　だが、森が叫ぶ、**「人生は唯一回であって絶対に繰り返さない」**は、ひしひしと響く。今や、蓉子は自分の人生において、この言葉の真の意味を、森が言うように、**「あらゆる意味での感傷的なものではなく、もっと乾燥した容赦のないもの」**として真摯に受け止めていた。

　森は、過去について言及する。**「過去の経験は、決して、現在を慰めてくれない。過去の経験はあくまで過去の経験であって、現在の経験にならない。人は過去を想像して現在の自己を慰めるが、実体は虚無であり、持続している過去のみが現在である」**

　森の言葉通り、過去とは、今までここにあったものがなくなるわけだから、ある意味、死んだのと同じである。時間的に一旦は過去となったものは、取り戻せない。

　それでも、どの時間にいる自分も「この私」である。過去の自分と今の自分は同じ自分が連続してあるのだから、どれほどに時が流れようとも、自己同一性は変わらない。

　それゆえに、人は過去を惜しみ、苦しむ。過去についても、未来についても、どう考えていいのか分からず、いつも薄暗闇の中で、手探りで動いている、人間の状況がある。

蓉子には、『失ったものに堪えるための思想』、『変えられないものを受け入れる心』『過去の重みに堪えうる強靭さ』を必死に願う自分が、いつもいた。

「**僕の青春は、僕の中に、背負い切れないほどの重荷を残して去った**」「**むしろその僕そのものの過去が逆流してくるのだ。僕自身がふるいにかけられるのだ**」「**過去の重みに耐えうるのだろうか?**」と森は呟《つぶや》く。森の呟きは、まるで、蓉子自身の呟きを聞いているように思えた。

森の言葉は蓉子自身の喪失の悲しみであった。

六年くらい前に読んだはずの、森の文章が、今や、次から次へと、蓉子の心に不思議なくらい、ぴたりと、呼応してくる。

森は「死」についても、厳しく自覚的に捉えている。「死」とは人間の根源的孤独だ、と解している。「**死とは消滅であり、空無に対する命名**」であると記している。

「「**在る**」**ということに対立できるものは何もない。あるとすれば、それは**「**なくなる**」**ということだけだ。何という恐怖すべき対立だろう。そして、何という静けさだろう**」

と、森自身の「死」観は、あるものが「なくなる」の一語に集約されている。父母の死を経験した蓉子にも、「死」は、この一語以外の表現はありえない。死とは「死んでしまうことだ」くらいに、普段は誰も分かったような顔をして生きている。だから、この森の文章も見過ごす。

だが、実際に「死」を経験した者にとっては、森の言葉は実に重い。「死」は、「**人間の中に入ってきたこの恐ろしい静けさ**」以外の何物でもないからだ。「死」は、この恐ろしい静けさに耐えることだ。

『バビロンの流れのほとりにて』の最初のほうに、三十年前の「僕」が十三歳の時、父親が死んで、「M家の墓」に葬られた日の思い出が記されてある。その墓の土を見ながら、「僕」も、「**いつかはかならずここに入るのだ**」と決意する。

森の「**死以外には待つものなどありはしない**」という悲壮な決意から、この本は出発しているのを初めて知った。身震いするような荘厳な気持ちになった。

森の祖父である森有礼は、伊藤博文内閣の文部大臣を務めた政治家であり、教育者だった。イギリスやアメリカに留学し、キリスト教に関心を持ち、英語の国語化を提唱した。しかし、一八八九年の大日本帝国憲法発布の式典の日、国粋主義者によって暗殺された。

牧師であった父の森明は病気に悩み、森が十三歳の時に死んだ。森は敗戦直後には長女正子を三歳で亡くしている。パリに留学する前に、不幸の中に生きたと記す祖母寛子を亡くし、パリに来てからは、母保子を亡くしている。

その意味では、森の人生も、身近な人の死を幾度も経験していたと知る。蓉子はこれまで以上に、森の悲しみに寄り添って、森の本を読んでいけるような気がした。

「**ここにかえってくる日まで、ここからあるいて行こうと思った**」の一行は、森の living is dying（生すなわち死なり）を示している。森は「**僕は歩き続けよう。どういう空の下にか死ぬ日まで**」と言うように、森にとりいかに死ぬかは、すなわち、いかに生きるかの探求である。

森は死に向かって出発することが生きることだと、捉えている。「**人は自己の生涯の意味を死を前にしてしか知ることができないのだから。こうして人間は何度も歩み始める。いつも出発の状態にいる。そして突然死はやって来る。突然でない死などはありえない**」

森が「M家の墓」を前にして、「**いつかはかならずここに入るのだ**」と決意するように、蓉子も今、いつか自分が死ぬであろう日を現実的なものとして受け止める。母が亡くなった年齢に自分がなる日までを自分の残りの人生と数えてしまう。その日まで歩いて行かなければない、と必死に考えている。

今まで生きてきた三十年よりも、もっと長いであろう時間を一人で歩いていくことを思うと、とても寂しい。とても恐い。森は本の中で、自分であることの重みに耐えられるだろうか、と必死で自分に問うている。森の問いは、蓉子自身の問いでもあった。

森は、「**僕の運命と結びついた悲しみ**」と、記していたように、幼い日から刻まれている運命を「僕」の人生に据えている。祖父の森有礼はキリスト教に理解があり、父の森明も熱心なキリスト教徒であり、森は幼い日から聖書を読み親しんできた。祖父の死と父の死が、自分を福音信仰の道に案内してくれた、と森は日記に記している。

森は「自分の個としての生涯は、一つの運命を背負っていくもの、個人の恣意を越えたところの歩みとして、孤独や絶望や死の上に成り立つ」と自覚している。

まず『バビロンの流れのほとりにて』の冒頭で、「幼い生命の中に、ある本質的な意味で、すでにその人の生涯全部が含まれ、さらに顕れている。……家庭、恋愛、交友、それから醸し出される曲折した経緯ほか様々なことで、この運命は覆われている」と書き始めている。

森は、運命の受容について「自分が現に生きている条件、あるいはその条件の下に生きていることをまずそのまま受け取り、すでにそこに、それ以外ではありえない自分を確認すること」と、記している。

その上で、「僕は僕の道を歩み尽くす以外にするすべもないことを深く感ずる。自分の中に在る深いかなしみと運命とよりほかに呼びようのないものが意識の表に突然浮び上ってくる」と述べる。

「一人の人間には、少なくともその人一人に対してだけ引かれた道がある。その道がどこを通ろうとも、それを辿らなければならない。それでなければ耐え忍ぶということの意味は、自分に関する限りどこにあるであろうか」と、自分にだけに引かれた運命の道に耐え忍ばなければならない厳しさを告げている。

この文章はまるで、蓉子が自分を語っているような気持ちになった。

蓉子の人生の今のっぴきならない相を作っている孤独の悲しみは、蓉子が一人っ子であったこと、蓉子が十二歳の時に、母の不慮の事故に遇ったこと、中学の三年間、母のいない孤独に耐えたこと、結婚、母の世話と育児を同時期に重ねたこと、三十歳で両親を失ったことなど。どれも蓉子の恣意を越えたところに本質があるような気もする。他の誰でもない蓉子にだけ結ばれた特殊な運命とも考えられる。

それを運命と呼ぶのだろうか。そもそも運命というものは存在するのだろうか、と蓉子は母の事故の日から十九年、ずっと考えてきた。それを解らせたくてもがいてきた。

森も、運命について色々考察する。「**運命というものを本当に定義した人がどこにいるのであろうか。……それは、運命という言葉を用いなければならないほど、生が苛酷なものだ、という意味ではないであろうか**」と、述べている。

蓉子は母の事故の日より、「運命というものは存在するのだろうか」ともがき続けてきた問いに、森が答えをくれた気がした。私たちが運命と呼ばざるを得ないほど人生は苛酷なのかもしれない。

蓉子は、急いで頁を捲り、森が本の中で、「運命」に触れている箇所を必死に探した。

リルケの『マルテの手記』の「ポルトガルの尼の手紙」を語る中で、「**運命の悲しみが、そ**

してそれに随うものの靭さが、充ちているだけだ」と記している。また、「**孤独は孤独であるがゆえに貴いのではなく、運命によってそれが与えられた時に尊いのだ**」と、記している。

森は、「僕の運命と結びついた悲しみ」に触れる箇所で、リルケの執拗に耽った幼い日々の追憶に馳せて、「**リルケが深く言っているように、自分に耐える、ということだけだ。本当にそれだけだ。……自分の運命を辿って、極みに到ってそれを越えること**」と記し、運命を越えていくことを自己の最大の課題に据えている。

さらに、「**かなしみを本当のかなしみとして、あらゆる甘さを払いのけて、凝視する生涯、僕はそれに耐えられるだろうか**」とも記している。

森の「運命」に対するリルケを語る文章を読んで、蓉子は、どこかで母を想った。今、窓辺の果てに燦然と輝く美しい星空に面しながら、あの二月の朝を思った。

暗く凍てついた雪の朝であった。蒼白い光を雪明かりの道に寂しく放つ街路灯に支えられるようにして、蓉子と母を乗せた車は慈恵医大病院の門を滑り出した。

母は蓉子に、この茫漠とした人生の中で、愛というものを結晶させる一つの形を残していった。のみならず、運命の悲しみとそれに従うものの強さを残していった。運命によって与えられた悲しみを、あらゆる甘さを払いのけて凝視し、越えていく尊さを残していった。

そのこと自体が蓉子にとって、どうしようもないほどに深い悲しみとなっていた。

今、暁の光が白々と広がっていく窓辺に面していると、光の向こうに、蓉子の悲しみ、母の悲しみをこの月の光はみんな知っていて、さらにこれほどまでに輝いてくれるのだろうかとさえ思えてくる。

その時、森の文章が、蓉子の心に一陣の風のように、戦《そよ》いだ。

「人間は自分一個の特殊な運命をもち、それに結ばれ、そこで絶望的な情況にありながら、いかばかり、無限の深まりの可能性をもっていることだろう」

人間はみな、自分一個の特殊な運命を持ち、その運命に結ばれて、唯一回の人生を生きる、という森の言葉が張り詰めた糸のように伝わってくる。

それでも、後半で、森は「**絶望的な情況にありながら、いかばかり、無限の深まりの可能性をもっていることだろう**」という。森の言葉には、微かな光さえ感じる。

人生（運命）が如何に苛酷なものであれ、それでも尚、いかばかりかの無限の可能性に向けて、人間は人間にならなければならない、という森の声が聞えてくる。蓉子には生きる勇気を与えてもらうような励ましの言葉であった。

森は悲嘆だけに暮れていない。『流れのほとりにて』では、森の運命に対する捉え方において、微妙に「変容」が見られる。

「**運命は我々を追って来る。どんなに忘れようとしても追って来る。それと融合せず、それ**

を忘却せず、いつも親しんで、しかもそれを越えていくこと」

「おのおのは自分の運命を負っている。そしてそれは出発点なのだ。運命は触れ合うべきものではなく、そこから出発して離れていくべきものなのだ」

さらに、「そこから出て行くのが、僕にとって人間になることなのだ、と知るのは、なんという大きな課題だろう。自分の運命に撞着することは、そこに安住するためではなく、そこから運命的ではないものに向かって出ていくことなのだ。それが人間ということであり、文明と文化との本当の意味なのだ」と、これまで森に執着して離れなかった運命から森自身が漕ぎ出て行こうとする意志を見出し始めている。

森は、「人は運命自体に価値があるかのように錯覚を起す。しかし、運命は本来自分にあるだけのものであって、人間的価値とは何の関係もない。それに対して人間が起す運動の中に、はじめて本当の価値の問題が出てくる」と、人間が運命に溺れず、運命と対峙し、自ら起こす運動（意志と行動）に人間的な価値を置こうとしている。

「意志ということの本当の意味はこの極限における転換を、そこに運命など設定せずに、そのまま承認することにある、と思う。どういう方向に進んでも、人間はこの極限に逢着する」と、意志について語る時、森自身の転換が見られる。

森は、「そこへ行かなければ、先へ向かって開けないものがある」、「行きつくところまで行

くだけである」、「**そこに向かって歩いていかなければならない**」、と書いている。

森はまるで自分自身を奮い立たせるように、何度も「ねばならない」という言葉を繰り返し使う。森の言葉は、運命や人間を語る時いつも、内面の傷と結び付いて、悲痛な響きさえ伴う。森にとっての「人間としていかに生きるべきか」という課題に、森がどれほど誠実に真摯に向き合っていたかが分かる。

同時に、その森の声は、蓉子の奥深い心の傷にも響く。時に、森の言葉は、蓉子の内側の痛みを嘗めるような木霊となり、一晩中嗚咽が止まらない。時には、心の傷を優しく包むような慰めとなり、安らかな眠りに就く。

運命によって与えられた孤独や悲しみをいかに耐え、越えていくか……その時、人間の真の気高さが意味と価値を持つことを、生きる悲しみとして、蓉子は森の『バビロンの流れのほとりにて』から深く読み取れた。

蓉子はその日から『バビロンの流れのほとりにて』を枕元に置いた。毎夜、寝る前に、何度も何度も、紙が擦り減るくらいに泣きながら森の言葉を追った。

今の蓉子の心に、そっと寄り添って、生きる励ましを与えてくれる唯一の言葉が、『バビロンの流れのほとりにて』には詰まっていた。心の中で、蓉子はこの本を固く抱き締めた。

4

昌子の死から一年間は、蓉子は歩いていても電車に乗っていても、涙が滲んできた。

一周忌を過ぎた初夏のある日の午後、たまたま、母と共に通った英和幼稚園の脇の坂道を何十年ぶりかで潤一と通りかかった。

「この道はいつか来た道、ああそうだよ、お母様と……」の歌がふいに口から吐いて出た。

「いいお歌ね。北原白秋という人が作られたお歌なの。昔、ママが今の潤君くらいの頃、毎日、幼稚園に行くのに、今ママが潤君のお手々を繋いで通っていくように、ママはママのお母様に手を繋いでもらって毎日この道を歩いていたの。でも、もうおばあちゃまは亡くなられたから、ママにはもう手を繋いでくれる人がいなくなったの」

その時、潤一が蓉子の手を、ぎゅっと握りしめた。

「このお歌の中に出てくる人も、きっとママと同じようにお母様が亡くなったのでしょう。大きくなって、小さい頃お母様と通ったその道を今度は一人だけで歩いたのですって。その時、昔手を繋いで一緒に歩いてくださったお母様を思い出して歌ったお歌なの」

歌いながら、涙が出て止まらなくなった。どうして、母は死んだのか。

「ママ、お手々繋いでくれる人いなくないよ。僕が毎日幼稚園に行く時、こうしてママのお手々を繋いであげているものね」

蓉子は思わず微笑《ほほえ》んだ。子供とは有難いものだと思った。青空に映るアカシアの白い花を仰ぎ見た。この小さな子が全世界で唯一の蓉子の心の救い手だった。

人間の人生の時間は大して長いものでもない気がしてくる。二十年、三十年はおろか、ひょっとして、百年、二百年さえも、昔、考えていたほど大きな時間ではないと思える。長い歴史の中で、蓉子が生きている時間は、シェイクスピアが言ったように、ちょうど舞台の上で束の間の劇を演じているかのような思いに駆られる。

その中で、子供は、自分の両親、そのまた両親といった祖先からの血を引き継いでいる唯一の存在である。父母は消え失せても、子供の中には、蓉子の両親の血が流れている。

蓉子は血というものの意義を初めてくらい、大きな意義あるものと感じた。また愛《いと》おしく手応えあるものとして捉えた。

祖先からの血の流れをある時期だけ預かって育てる役割を受ける。それをさらに高めて未来へと引き渡していく。蓉子自身はそういった一つの流れの中の預かり手だ、という思いに駆られた。

大切な宝物を預かっているのに似たような思いさえしてくる。蓉子の前を通過している間だけは、祖先からのバトンをよりよく次の未来に繋げるように、努力しなければならない。

自分はこの血に恥じないように、潤一を守り育てなければならない。次の世代にしっかりと伝えていくべき使命を全身に感じた。それは、まるで、森が祖父と父の死によって、祖父と父の信仰の道を自分は継承していくのだ、という森の強い運命の自覚と似た質のようにも、思われた。

蓉子自身も、母の介護で中断していた大学院の論文を纏め上げて、結婚で辞めた英和女子大の附属高校の非常勤講師の職を復活しようという決意が、この瞬間に沸き立った。

唯一回の二度と繰り返さない人生を、悔いのないように歩いて行かなければならない。生き尽すところまで行かねばならない、と悲壮な思いで、蓉子は大空を仰ぎ見た。

潤一にも、運命によって与えられた孤独や悲しみをいかに耐え、越えていくか……その時、人間の真の気高さが意味と価値を持つことを、生きる悲しみとして解っていて欲しい。どのような運命の与える悲しみにも素直に従って耐えていこうとする父母の気高さを私たちは今、この光の中に見詰めているのだから、と蓉子は祈った。

一人の人間の生涯の中には、「**その誕生と死とが必ず含まれていなければならない、ということは、どれほど人を謙遜にしてくれる事実であろう**」と、記していた森の言葉が、そのまま蓉子の心に甦ってきた。『バビロンの流れのほとりにて』において、森が語る言葉の中でも、蓉子の好きな部分の一つである。

蓉子は七月の光を燦燦と浴びたアカシアの葉影の揺れる中に父母を想うと、胸が張り裂けそうなくらい懐かしく、感謝の思いが満ちてくる。木々の枝枝の合間から差し込まれる光の幾筋もの矢を浴びながら、今、涙が堪《こら》えようとしても止まらなく溢れてくる。

それは悲しみだけではない。父母を越えて、この地上なるもの総べてに感謝したい気持ちだった。

人間の個人的生涯の中に、誕生と死とが必ずあるということ、この事実がどれほど人間そのものを謙虚にしてくれるものか、森の言葉が静かに蓉子の中に染み入ってくる。

前出の森の記述は更に続きがある。「**自分の生活と経験の本当の意味が、しかも自分に対してだけ意味をもつ本当の意味が、自分を越えているということは、何という厳粛な事実だろう**」

今、蓉子の感覚が研ぎ澄まされ、父母の死という蓉子一人の個人的な経験が、今自分を越えて、地上なるもの全てに広がっていく。森はそういった広がりの普遍性の意義をこの文章で語っているのであろう。

坂道の両側のアカシアの新緑の葉影を通して、透き通るように自然が、運命が見える気がした。その時、蓉子の中で、悲しみと喜びが融和した一つのものとして感じられるような感情が無理に強いたわけでもないのに、ごく自然に湧いた。

その感覚は、蓉子にとって何にも勝る実に貴いものに思われる気がした。蓉子はいつの日か、蓉子の中の何かが決定的に過ぎ去っていくのを感じたことがあった。それは父母の愛であり、幼い日の追憶であり、青春の輝きであっただろうか。

それらが完全に自分の中から失われていったのを感じた。けれど、蓉子の中で、蓉子自身の時が確実に流れ始めたことを自覚する。この変貌は蓉子にとって、何と大きな変化であろうか。『バビロンの流れのほとりにて』の中で、森が語っていた言葉の一つ一つを、今や蓉子は跡付けし、実感して生きている自分がある。「この感覚も、森有正があそこで書いていた通りだわ」と、森の文章になぞって、心の動きをその都度、確認させる自分がいる。

森は度々「変化」についても、言及していた。そもそも『バビロンの流れのほとりにて』を始めとする森の他のエッセーや日記にも、森の変貌していく姿が刻々と刻まれている。

時に、現在から過去へと甦り、時に未来まで飛んでいく。森の時間論で「生きること」が綴られていく。森の運命に対する考え方にも変容が見られたが、森が見る、感じるノートル・ダムの姿も、一刻、一刻、時間と共に変貌する。

森を語るのに、「時間」は大切なモチーフだ。「パリについて五年目」とか、オルガンを「二十二分のテンポで弾かなければならない」とか、本の中でも、人生の時間を数えてやまない。おそらく、森は絶えず、自分が経て来た「時」を離れることができない自分があったのだろう。

また、森にとり、物と言葉の結び付きを考える時、それを支える「時」の存在は不可欠でもある。森が「**新しい時間が生れた**」と告げる時は、今まで意識されていなかったことに気付き、心や内面に作用する精神的な時間を意味する。

内的な促しによって、感覚が深化し、一個人の体験が普遍性を持つ経験にまで煮詰めるには、内面をじっくり見極める時間がどうしても必要となる。森は、セーヌ川の上をゆっくり過ぎて行く船の蛇行を見ながら「**ある時間が経過してみると、はっと驚くような変化がすでに起こっているのである**」と告げる。

「**我々自身が空虚でないものになり始める。感覚の一つの状態が自分の中に形成され始めると、それが限りなく深まりうるものであることが解ってくるだろう。これに必要なのは時間と忍耐。ある経過がなければ、この道程はありえない**」(『遙かなノートル・ダム』)と、時間の経過の意義を語っている。

森の文章が読む人の心を捉えるのは、とことん自己(個人)に沈潜することで、人間的な精神の普遍へと至る道を模索しながら進んでいくところにある。

しかし、その道に至るまでには、忍耐と時間の経過が自ずと必要だ。なぜなら、人間が本来根源的に持っている孤独は、誰も解決してはくれない。自分の中でしか、回収することは、できないのだから。個人の経験を個人の経験を越えたものにまで高める道は、自分であること(自らの孤独)の重みに耐えていかなければならない。

5

溢れんばかりの木々の光を浴びて、蓉子の中で、悲しみと喜びが融和した一つのものとして感じられるような感情が湧いた時、森が『バビロンの流れのほとりにて』の中で「DÉSOLATIONとCONSOLATION」（悲しみと慰め）と記していたのを唐突に思い出した。

森の言う「DÉSOLATIONとCONSOLATION」の融和とは、白く可憐なアカシアの花を見て、新しい時間が流れたように感ずるような感覚を指すのだろうか、と蓉子は思った。

森の「DÉSOLATIONとCONSOLATION」の言葉は、『バビロンの流れのほとりにて』を初めて手にした時から、心に引っ掛かっていた言葉である。おそらく、蓉子にとっても、生きる根幹に関わる重要な言葉に思えた。

蓉子はこれまで、シューベルトの「愛を歌うと悲しみになり、悲しみを歌うと愛になる」という言葉が、自分の本体そのもののように感じていた。父も母も、運命によって与えられた悲しみを、あらゆる甘さを払い退けて、越えていく貴さを残していった。

父母を愛しく想うがゆえに、父母の人生を悲しく思う。父母は最期まで凛として生き抜いた。運命の悲しみとそれに従うものの強さを残していった。それがまた、蓉子の父母への慈しみを深めていく。蓉子の中で、愛と悲しみは、いつも縺れ合って存在している。

森にとって、「DÉSOLATION と CONSOLATION」の言葉は何を意味するのか、長いこと蓉子は考えてきた。シューベルトの「愛を歌うと悲しみになり、悲しみを歌うと愛になる」と、同じ意味なのか？

森は、『バビロンの流れのほとりにて』の冒頭で、大東亜戦争で戦った日本の若者の死に対し、「**そこには喜びもないのだ。悲しみもないのだ。叫びもなければ、呻きもないのだ。あらゆる形容を絶した DÉSOLATION と CONSOLATION とが、そしてこの二つのものが二つのものとしてではなく、ただ一つの現実としてあるのだ**」と、非情な現実を示していた。

森のパリ留学は、二つのもの（悲しみと慰め）が一体となったものとしてではなく、喜びもなければ、悲しみもない、日本の非情な現実から出発した。森の本も、ここから出発している。森は、日本を出発する時、日本に絶望していた。

森は、当初一年の留学を想定してパリに向かったが、パリに暮らすことを選択する。家族とも別れ、東大助教授のポストも捨てる。パリに惹かれた理由を森は「**悲しみと心の慰めとが一つになっている感情が感覚となって、パリそのものの中に結晶している**」からだと記している。

日本に残した「絶望」と、パリに見出した「慰め」、日本とパリのどちらをも、最初に語る森の言葉として、「DÉSOLATION と CONSOLATION」を置いているのは偶然ではないと思える。「DÉSOLATION と CONSOLATION」の言葉は、森自身の生きる行為の中核の意味を定義付けるキーワードなのだろう。

また、「DÉSOLATIONとCONSOLATION」の言葉の内実が二つのものとしてではなく、ばらばらの日本と、一つになっているパリの内面的な違いを、森はこの二つの言葉から対比させることによって、真の意味を示そうとしたのだろう。

明治維新による開国以来、日本の知識人は「和魂洋才」を唱えてきた。文明を受け入れるとは、技術を受け入れることだ。

しかし、和魂洋才といっても、外来の技術の都合の良いところだけを受け入れようとするのでは、なかなか難しい。表面の技術だけ取って来ても、内面と調和しなければ、単純に和魂洋才とはいかない。内面でも交わらなければならない。

しかし、その際、内面の世界では、必ず混乱が生じる。そこを上手く整理しないと、技術も受容できない。日本が世界と交わる時、この問題は普遍的な課題である。この問題にいち早く気付いた知識人もいないわけではなかった。

新渡戸稲造や夏目漱石、森鷗外、福沢諭吉、西周、中江兆民、中村正直、久米邦武、柳川春三、坪内逍遙、永井荷風、上田敏らも、それぞれのやり方で、西欧文明の受容について模索した人々だ。彼等は西洋文明の真只中に身を置きながら、日本の文化と西洋のキリスト教文化の間で、自分の拠って立つべきところを必死に求めもがいていた。

新渡戸や漱石から世代が少し降りるが、森有正もこの問題に無関心ではなかった。しかも、怒涛のように入ってきた西洋文明に対し、性急に近代化を図った結果、一九四五年の日本の惨憺たる敗北を森は目の当たりにした。西欧化を欲すれば、必然的に免れない悲劇を招かざるを得ない。

西欧の進んだ技術や華やかな文化といった外側の側面だけを称賛するのではなく、ヨーロッパの芸術や文明の内面を根底から理解するところまで行かなければならない。ヨーロッパの内面を理解することで、「日本人の限界」を突き抜けていけるのであろう。日本の内面の熟成を自らの課題として、森はパリに留学した。

しかし、漱石がロンドンで、アイデンティティ・クライシスに陥って帰国したように、森にとっても、一人きりで、フランスの中に生活することは生易しくはなかったと想像する。だが、森はパリで生活をしていくうちに、パリの建物、街を通し、西欧の文明と文化に、悲しみと慰めの融和を見る。

森は、文明とは、「**等質の飽和した空間の悲しみと、形が結晶し、集合してゆく時間の喜びとである。と言い換えることもできるだろう。そして、形となって結晶した喜びの中に、空間のかなしみが漲っているともいえるだろう**」と、定義している。蓉子は、この言葉の意味を正しく解りたくて、本を手にした日から、何度も何度も、読み返してきたが、なかなか理解できなかった。

今、多少とも理解したように思えるのは、本当の意味での文化や文明には、悲しみと喜びの融和がある、という厳然たる事実だ。

パリで森が目にした西欧は、ノートル・ダム寺院が象徴するように、それぞれの建造物に積み重ねられた石がそれぞれの時代を物語る様式を持ち、歳月を経て、微妙な表情を見せている。のみならず、それらが一つとなって、フランスの街全体に溶け込んでいる。

それぞれの建造物は、その時々に生まれた精緻な様式美の中に、伝統や歴史は勿論、その時代を生きた人々の哀しみや喜びも刻まれた「経験」の継承としての建造物である。

さらに幾多の風雪にも争いにも耐え忍んだ、幾百年の時の経過を経て、内面的にも熟成され、変容を遂げている姿が、眼前に聳える。

森は、『流れのほとりにて』に記している。

「このノートル・ダムの姿は、……生まれた土の香りをおびている。そして樹木のように、方々がゆがんでおり、不均整であり、それがまたその美しさを増している。何となれば、これらのカテドラルは、その形そのものに内在しきれないものを象徴しているのだから」

森は、ノートル・ダム寺院を見て、「形の美しさを突き抜けた精神の美しさ」と評したのも、単にゴチック建築の幾何学的な構造美だけではない。長い時を経て、発酵熟成され、キリスト教の持つ精神性が美しい形として顕れたと感じた森にとり、大聖堂は長い熟成の期間を経て、時を内に含んだ有機的な構造の美を示していた。

森は「**それは僕が海外に長くいてしまった本当の理由に触れてくるからである。僕がこうして海外にいる理由とが一つに融合してくるのを見るのは、なんという悲しみだろう。そして何という慰めだろう。僕の中には悲しみに崩れていく情感とそれに耐えて行く意志とが同時に成長しはじめている**」と記している。

この文章は、森がパリに残った理由を告げているが、同時に、「悲しみと慰めの融合」の言葉の真の意味は、悲しみ（運命？）に耐えていく「意志」がなければ、辿り着けない道を、森は告げていると、理解した。

先に、森が文明と文化を、運命を越えていく視点から書いていた文章を思い出す。「**運命的ではないものに向かって出て行くこと……それが人間ということであり、文明と文化との本当の意味なのだ**」

本当の意味での文明や文化には、どんなに苛酷な情況であれ、運命的でないものに出て行こうとする意志（意志による転換）がある。意志を出発点として、その道を時間と共に人間が歩いた道程《みちのり》が含まれる。

前出の二つの文章から、森が本当の意味で定義付ける「文明と文化」と、「DÉSOLATIONとCONSOLATION」の融和の両方に共通する言葉は「意志」である。「文明と文化」と、

「DÉSOLATION と CONSOLATION」の橋渡しは、出発点となる「意志」である、と初めて気付く。

いかなる苛酷な状況であれ、自分の運命を凝視し、あらゆる甘さを払い退けて、越えていこうとする人間の「意志」と、その道程《みちのり》こそ、人間の人生に「DÉSOLATION と CONSOLATION」の融合を生み出し、人間が人間となる。

人間の「悲しみと慰め」を具象化したものが、文明や文化である、と森が言わんとしたことに、蓉子は今、謎がようやく解明できたような思いになる。

森は、運命を切り開く道の出発点となる意志について、「**出発の構成**」であるとし、「**生きている限り、最初の出発の状態にあるのだ**」と記している。

しかし、森がノートル・ダムについても「**あのノートル・ダム、あのシャルトル、それらはみな出発の苦悩の象徴なのだろうか**」と疑問を投げるように、出発は、生半可な困難ではない。

森は、ジードを挙げて、ジードの魂の強さに言及する。

「**あの抗いがたく輝く星空はかれの中にあった筈だ。**DÉSOLATION **のただ中にこの** CONSOLATION **を汲みとらないなら、はじめから生きなければよかったのだ。生きるということは、それが、言葉の正しい意味において、何かに価いすることだ。その価いを払うことを恐れるなら、生きることを断念するほかはない。その価いというのは、勿論物質的、社会的な安全と**

いうようなものではない。存在の重みと、いやおうなしに迫り、眼差しにまであらわれる不安だ」

この文章もまた、森の描く文章の中で、蓉子が忘れられない部分である。「何かに価いする」ように生きる、「存在の重み」に耐える、森の生きることの重さが、魂が震えるように、伝わってくる。

この文章を読む時、どんな悲しみにあっても、どんなに時が移ろうとも、どんなに多くを失おうとも、焔と意志を内に宿して最後の日まで生き尽したい、と蓉子も切実に思う。

蓉子は「DÉSOLATION と CONSOLATION」について考えていると、「愛を歌うと悲しみになり、悲しみを歌うと愛になる」と言ったシューベルト自身のこの世界に対する認識と、森の「DÉSOLATION と CONSOLATION」の融合とは、極めて似た質のように思えてきた。

シューベルトが音楽の中に描いた転調は、彼がこの世に願ってやまない、喜びと悲しみの融和であった。

言葉を変えれば、朝と夜、過去と未来、生と死、光と影、愛と悲しみ、永遠と一瞬といった二極の相をこの世の現実として受け止めざるを得ない時、自己の孤独に耐えること、「失ったものに耐えるための思想」をシューベルトは希求していたのだと思う。

シューベルトは、ジードやリルケのように、血を吐くような悲しみを抱えながら、音楽の中に転調でもって、「DÉSOLATION と CONSOLATION」の架け橋を結ぼうとした。

シューベルトの転調の素晴らしさは、孤独を濾過して、穏やかで澄んだ美しさにある。それゆえに絶妙で、聴く人の心を打つ。

シューベルトと同様に、「DÉSOLATION と CONSOLATION」の融合こそ、森が自分自身の人生に据えた中心的課題を象徴する言葉だ。

「DÉSOLATION と CONSOLATION」が一つに融和するとは、「悲しみと喜び」、「生と死」、「永遠と一瞬」といった両義的なものを自分の中に受け入れることだとも言える。

相反する二つのものを自分の中に共存させることができれば、たとえどれほど矛盾に生きた人生でも、その人の人生は無意味ではない。だが、その道は容易くはない。

「悲しみと慰め」の融和は、森の中で、自分一人だけに引かれた運命を越えて、茨《いばら》の道を歩きながらも、個人を越えた普遍的な経験にまで高めること、人間が人間になること、と同意義であった、と思う。

蓉子は、森の「DÉSOLATION と CONSOLATION」の内実の意味がパズルを解くように解ったような気がした。

「DÉSOLATION と CONSOLATION」は、『バビロンの流れのほとりにて』の本の内実を顕わすキーワードであった。森は語る。

「透きとおして自然が見えるようになる時、僕が感ずる一つの感情、DÉSOLATION と

CONSOLATIONとが一つのものとして感ぜられるあの感情、あるいは感覚、と言った方が適当なのかも知れないが、そういう感情のことで、それがあたりまえのことであるだけに、実に貴いものに思われることなのだ。……僕は人間が人間らしく在るということは、このことだけだと思っている」

森がパリで見たノートル・ダム寺院に、精神の美を感じた理由も、この建造物に、「DÉSOLATIONとCONSOLATION」を確認したからだ。存在の重みに耐えながらも、その悲しみに価するように一心に生きる魂をノートル・ダムの姿に森が感じ取ることができたからだと、蓉子は理解した。

蓉子が九年前に、ノートル・ダム寺院を初めて見た時に受けた、戦慄を覚えるほどの感動は、言葉としては定義できずとも、「悲しみと慰め」を内在したノートル・ダム大聖堂を一瞬にして、感じ取ったからだ。しかし、その感動を「形の美しさを突き抜けた精神の美しさ」と、言葉にきちんと定義した森有正はやはり素晴らしい人だと、改めて思った。

ノートル・ダム寺院の「形の美しさを突き抜けた精神の美しさ」の意味を蓉子は森の「DÉSOLATIONとCONSOLATION」を理解して、やっと解明できたように思えた。ノートル・ダムがフランス語で「我々の貴婦人」すなわち「聖母マリア」を意味することにも、感慨を新たにした。

第十章　ストラスブールの空——二〇一六年（平成二十八年）夏

1

蓉子と漆原直美は、成田空港第二ビルの南ウイングのANAのKカウンター前で待ち合わせをした。直美はベージュ色のパンツに白いサマーセーターを着て、紺色のショルダーバッグを肩に掛けている。蓉子を見付けるや、直美は右手を振って飛んできた。

「待った？　ごめんなさい。バスが少し遅れたようで。今、荷物を急いで預けてきたわ」

「私もたった今、荷物を預けたばかりよ」

蓉子は直美に向けて微笑んだ。蓉子はグレーのチェックのキュロット・スカートに上着を着て、赤い革のバッグを手に持っている。

「この旅行は蓉子さんに全てお任せして、私は付いていくだけ。何も分からないから、どうぞよろしくね」

「今回の旅は、イタリア、スイス、ドイツ、フランス、の順番で回っていきましょう。森有正が本の中で触れている場所を跡付けたいと思って。あなたには、私の行きたい所ばかりをお伴させてしまうけれど、ごめんなさい」

蓉子は直美に向けて、軽く頭を下げた。

「私も楽しみなのだから心配しないで」

二人を乗せたANAのローマ行きの飛行機が青い空に飛び立つと、しばらくして、直美が蓉子に声を掛けた。

「あなた、よく森有正と言われるけど、どういう人なの？　私は森有正と聞けば、キリスト教徒で哲学者としか知らない」

「日本で東大の先生をしていた時から、デカルトやパスカルの研究をされていたようよ。昔、あなたと大学の卒業旅行でパリに行った時、みんなでお食事をしたでしょ。オデオンのレストラン。そこで、フランス語の先生とお友達の方が、森さんの話をされていたでしょ。あの頃、パリの日本館の館長をしていた方よ」

「もう、四十二年も前ね。私たちも歳を取るわけだわ。私は、オデオンのレストランは覚えているけど、森さんの話は覚えていないわ」

直美は、怪訝そうな顔付きだった。

「森さんは一九五〇年に、フランス政府の給付留学生として、パリに留学したの。一九一一年に生まれたのだから、三十八歳の時かしら。当初は一年で帰るつもりで留学したようだけど、そのまま二十六年間もパリに住んでしまい、一九七六年の十月にパリで亡くなったの。晩年は、日本の青山学院や国際キリスト教大学などで、講演もされていたみたい」

「パリに死す、か。客死だわね。ところで、あなたは、なぜそんなに森さんの本が気に入ったの？」

蓉子は足元に置いていた赤いバッグを手に取り、『バビロンの流れのほとりにて』を取り出した。紺色の表紙は、歳月を感じさせる。バッグには、森有正の本が他にも数冊、入っている。

「私、二十五の時にこの本を初めて手にしたの。その時は勿論森さんが言っていることの全部は分からなかった。でも、母が亡くなった時に読んだら、森さんの言葉が染み入るように入ってきて。それから四十年、読み続けたの。いつも私の支えになる本だった。読む度に、森さんの暗示が一つ一つ新たに理解できる気がしたわ」

「それにしても、森さんが訪れた場所に、どうしてあなたはそんなに行きたいと思ったの？」

「森さんの感覚が捉え、文字にした対象物を、見たいと思ったの。私自身が実際にこの目で見て確認する作業によって、少しでも、森さんの感動や思索に近づけたらと。臨場感を持つことが真髄を理解する第一歩かしら、と」

「実際に、この目で見ることは何よりも大切よね」

「これまでも、森さんの考える「運命」や「愛」を解りたくて、森さんが本に引用しているリルケの『マルテの手記』やカフカの『ミレナへの手紙』など読んだけど、難しくてなかなか分からなかった」

「森さんが本に引用している本まで読んだの？　すごい」

「森さんはパリに行ってから、フランスの中だけではなく、ヨーロッパを色々旅するの。旅先で見たものをたくさんの本に書いているのよ。行く先々で見た絵画や建造物、触れた自然などを鋭い観察眼でもって精確に記録している。『バビロンの流れのほとりにて』には、『流れのほとりにて』と『城門のかたわらにて』も収められているの」

「では、旅行記みたいなものなのね？」

「随筆とも少し違うような。森さんが無垢な感覚で捉えた外側の世界が、生、死、孤独、運命、愛、個人、社会など、それは、それはたくさんの題材なのだけど、「いかに生きるか」という森さんの内面の課題に、常に結び付いているの。外側の世界との接触は森さんの「人間になるための思索」を深めるための材料でもあるわけ」

「なかなか難しそうね。やはり哲学者ですものね」

「哲学者っぽい本でもないのよ。抒情性がある本なのよ。森さんは外側のものに触れる度に、新しい感覚に目覚めるの。その感動を夢中で書くの。外界のものを捉える時の森さんの魂は高揚し、感覚は活性化している。瑞々しい感覚で捉えた外側のものは、森さんの内面で深く掘り下げた思索と密接に結び付いていく」

「では、観察と思索の織り交ざった本なのね」

「夢中で書き留めているようでいて、森さんは感覚で捉えた対象を、そのまま安易に表現していない。おそらく目に焼き付けた印象を、一度じっくり時間を置いて、心の眼を通してから言葉を紡いでいるようにも思えるのだけど。森さんの感覚で捉えた印象は練り上げられた深い思索と結ばれて、的確な言葉で表現されているから」

「そんな本とは、知らなかった」

直美は蓉子の顔を見て、にっこりした。

「本当のものを実際に見ないと、森さんが書いている本当の意味は、やはり正確に理解することはできないと思ったの。これから八日間、よろしくね」

「あなたは、森さんが本に記した事物や場所を実際に見て、この目で森有正を丸ごと味わおうと考えたわけね。お伴ができて嬉しいわ」

2

ローマから鉄道で、フィレンツェのサンタ・マリア・ノヴェッラ駅で降りた。

真夏の雲一つない快晴がフィレンツェの天空に広がっている。サンタ・マリア・ノヴェッラ教会の後陣が目に飛び込む。

「サンタ・マリア・ノヴェッラ教会は、森さんがフィレンツェで「**僕の見たもっともうつくしい教会の一つだ**」と賞賛していたわ」

「寄木細工のようなファサード（建物の正面）が綺麗ね」

直美が感嘆するように、幾何学模様のファサードは美しい。

チェッレターニ通りを歩くと、ドゥオモ（大聖堂）が見えて来る。

「あれが花の聖母教会ね。クーポラの屋上はサン・マルコ美術館の帰りに上りましょう」

「ジョット・ディ・ボンドーネが設計した鐘楼にも上りましょうね。四百十四段も階段があるそうよ」

「森さんは、ジョットの鐘楼について、「**その大きさとともにその全体の結構の均衡のとれた美しさ。僕はこれを見た瞬間、**

フィレンツェのドゥオモとジョットの鐘楼

サン・マルコ修道院

サン・ジョヴァンニの洗礼堂

フィレンツェ人がどういう人間で、何を喜んでいたか判ったような気がした」と記しているわ」

二人は、サン・ロレンツォ教会の横道を急いで抜け、メディチ・リッカルディ宮からカブール通りを北上し、サン・マルコ広場に出る。

そこに、サン・マルコ美術館が建っていた。サン・マルコ美術館は、かつてはドメニコ会修道院であった。

「フィレンツェには、静かな美しい僧院が幾つかあるけれど、ことにサン・マルコとサンタ・クローチェの僧院が美しく、印象深い、と森さんが書いていたわ」

美術館の中には、修道僧であったフラ・アンジェリコとその弟子によるフラスコ画が数々展示されている。二階の階段を上がりきった正面に、有名な『受胎告知』があった。

「アンジェリコの壁画には、気品と優しさがあるわね」

直美が絵の前で惚れ惚れした顔をしている。

「森さんが感銘を深くした絵が、この階の左の端の僧坊にあるらしいの。行ってみましょう。『キリストとマグダラのマリア』の絵なのよ。「**あのフィレンツェのサン・マルコ僧院の回廊で、キリストの復活を描いたフラ・アンジェリコの一枚の壁画を前に立ちつくしていた**」と、森さんは記していたわ」と、蓉子は直美を誘った。

蓉子は、『バビロンの流れのほとりにて』の本で、この絵について森が書いている箇所を読んだ時から、この絵を見たいと強く思っていた。この絵を見るだけのために、今日、ここに来た、と蓉子は思った。

フラ・アンジェリコ『受胎告知』

キリストの十字架からの降架を描いた祭壇画の上に位置しており、思っていたより小さな画だ。復活したキリストは旗を左手に掲げ、風を白い長い衣に吹かせて、天上に向かおうとしている。そのキリストの前にマグダラのマリアが片膝を突き、両手をキリストのほうに向け、何かを待っている感じだ。

「キリストの一言《ひとこと》があれば、マグダラのマリアはすぐにでも立ち上がろうとする様子ね。その前に立っているキリストの姿勢も素晴らしいわ。右手をマグダラのマリアに少し出しているでしょ。キリストの顔もマグダラのマリアのほうに向いているようね」

フラ・アンジェリコ『我に触れるなかれ』

「神秘的な優しさを感じるわね」

直美がまた、うっとり顔をする。そこで蓉子は、森の『バビロンの流れのほとりにて』をバッグから出した。森のその場面の描写の頁を急いで開く。

「しかし、キリストの体はもう他方を向いている。その右足はもう女の反対の方角にふみ出されている。キリストの裸足は美しい草花を音もなく踏んでいる。その時キリストの言った言葉は有名なNoli me tangere――「我に触れるなかれ」という一句だった」

「森さんは、この絵に、「キリストとマグダラのマリアの愛が、瞬間の間に高く燃え盛っている」と書いているのだけど、直美さんはこの絵に二人の燃え盛る愛を感じる？」

蓉子は直美に真剣な顔付きで尋ねた。

「よく分からないわ。でも、森さんのコメントは森さんが理想とする愛の形なのでしょ。『マグダラのマリアによる福音書』では、マグダラのマリアはキリストが十字架に付けられるのを見守る。キリストに従う重要な女性として、出ているわよね。ドストエフスキーの『罪と罰』やトルストイの『アンナ・カレーニナ』もマグダラのマリアがモデルみたいね」

『マグダラのマリアによる福音書』は、明治二十九年に発見されたけど、存在自体は三世紀から知られていたようね。森さんは、さらに書いているわ」

「おどろくべきことは、この画面のキリストが純粋の男性であり、マグダラのマリアが純粋の女性として表れていることだ。マリアは過去において幾十人もの男をしったしたたかものであった。……しかし、かの女が、このときほど女性であることを深く露わしたことはないであろう。……男性と女性とは、どこで一番深く融け合うのだろう」

「森さんは「アンジェリコの絵にひかれるのは、この統一だ」と、アンジェリコの絵に感動しているわ」

「森さんは、愛を精神的なものに置いていたのかしら。マグダラのマリアは一般的に「罪深い女」とされているけれど、聖書に出て来る「罪深い女」がマグダラのマリアだと断言している箇所は、どこにも存在しないでしょ」と、直美が分かったような顔で話す。

「国立博物館にある、ミケランジェロのレダと白鳥の彫刻にも、森さんは感動している」

「レダと白鳥の彫刻は、アンジェリコの絵とは対称的な存在に思うけどね」

「レダと白鳥の彫刻を見て、森さんは、ミケランジェロが「自分の中に一つの宇宙を持っていたということが言える。それは精神の高みから肉欲にまで至る実に大きいスケールの人間像で、かれの当時のフィレンツェの人々の生活態度のみならず、「ヨーロッパ」というものがも

つ大きい空間的時間的音階にひろがる全音程を表した」と、書いているわ」

「マグダラのマリアには色々な説があり、「イエス・キリストの妻だった」という説もあるわね」

「森さんが本当のところ、「愛」をどう考えていたのか、『バビロンの流れのほとりにて』には、具体的には森さんの「愛」については何も書いていないの。後に、『生きることと考えること』を読んだら、森さんは、『バビロンの流れのほとりにて』を書き出したのはそれを言わないためだった、と書いていた」

「自身の「愛」を語らないために書いた、とは意味深な言葉ね」

「でも、私は通奏低音として、森さんはこの本に自分の愛を絶対に書いているように思えたの。そうしたら、森さんも、「書くべきことは、あれに全部書いたつもりです」と言っているのを後に知ったわ。森さんの捉える愛を探したくて、ここまで来たの。ここに来たかったの。この絵を見れば、解るかしらと」

「キリストとマグダラのマリアの心が燃え盛っていたかどうかは、分からないけど、この絵のキリストの白い長い衣に風が戦《そよ》いでいる様子、何とも嫋やかで、爽やかね」

「あなたもそう思う？　森さんはその後にこう続けているわ。読むわね。「**爽爽として吹く朝風のように清らかなものが全体を占めている。完全な信頼と尊敬と愛とが唯一つのものになっ**

てこの瞬間を作っている」と。私はここを読むと、涙が出そうになるわ。今日、この絵を見られて本当によかった」

廊下に出ると、陽溜まりのように映る中庭がすっぽりと目に入る。サン・マルコ美術館の建物は、十二世紀に建てられた修道院を一四三六年にイタリアの建築家、ミケ・ロッツオが再建した。中庭を巡る回廊にも、古い歴史の面影を残している。開けた回廊には、爽やかな風が吹きわたっている。

サン・マルコ修道院回廊

その日の最後に、サンタ・クローチェ教会に寄る。ジョットの聖フランチェスカの臨終の壁画を見るためだ。サンタ・クローチェ教会には、ミケランジェロ、マキャヴェリ、ロッシーニなど、イタリアが生んだ偉人たちが眠っているという。

「森さんは、初めてこのジョットの壁画を見て、「釘づけになってしまった」と、感動を日記に告白していたわ。「死はすべて終わりであり、全くの帰無であると。しかしここに、ジョットの画面に表れている死は、魂と魂とを結ぶ死だ。死を通して人々は本当に一つになる」と。「僕の心には、今見たジョットが余りにも美しく生きていた」と記しているから、本当に感動したのね」

「よく、小説なんかで、愛と死が結び付けて語られるわね。『ロミオとジュリエット』や『誰がために鐘は鳴る』がそうでしょ？　この絵を見て、森さんは愛と死が一つになることを感じたのかしら」

「森さんは、いつか必ず自分に訪れる死の日に、「**自分を他の魂と結ぶきずなを意識することによって、満足して死ぬことを願って**」いたよう。日記にもそう書いてあるわ。「**愛することと死ぬこと、この生の二面が、《恐るべき》ある瞬間に合体する。愛は死を鎮め、また死がなければ愛には何の意味もない**」と」

「愛と死ね。難しくて、分からないわ」

「一人の人間が死の間際に、自分はこの人生、真の愛に生きた、と思えるかどうかを、森さんは言っているのだと思う。そう思える瞬間があるなら、人は死を、安らぎをもって受け入れられるのだと」

教会の外に出ると、一日の陽の名残りに満ちたフィレンツェの夕空に、サンタ・クローチェの姿が、くっきりと印される。フィレンツェの街並みは美しい。

「結婚してから、愛についてなんて考えたこともなかったわ。愛の問題は、若い時にしか、人生のテーマにはならないと思っていたけど、死の間際まで続くのね？」と、直美は不思議そうな顔をした。

「それは、森さんが、人間の根源的な孤独と、人生は唯一回だけ、二度と繰り返さない、を痛切に感じていたことと結び付くからだと思うの」

3

ジュネーブのホテルを朝七時に出て、十分ほどバスに乗り、蓉子と直美は中央駅に向かった。フライブルク行きの特急に乗り、向かい合わせのワンボックス・シートに座る。

「結構、混んでいるわね。通勤客かしら？　叢《くさむら》の間から湖が見えるわ。右手の湖はレマン湖でしょ？　レマン湖って、ずいぶん広いのね」

直美は身体の向きを右に捩《よじ》って嬉しそうな声を上げた。

「レマン湖はフランスとスイスの二つの国に面する湖だから、広いのね。シヨン城は中まで見学するでしょう？」

「勿論よ。楽しみにしているわ」

ローザンヌの駅で降りて、蓉子が駅員に遊覧船の乗り場を尋ねる。大聖堂とは反対側の階段を下りて、大通りに出て、左に向けてまっすぐ歩く。途中途中で、大通りに沿って、綺麗な花々のプランター・ボックスが目に付く。蓉子は立ち止まって、見とれる。

ローザンヌは綺麗な街だと知る。徒歩二十五分と聞いてきたが、もう二十分を経過しても、船乗り場は姿を見せない。

「乗り場は見える？　あと、七分で、十時半発の船は出るわ。どうする？　走る？」

「走りましょうか」

二人は、その道を脇目も振らずにフルスピードで走り続けた。船着き場の白い船に滑り込むように乗り込んだ。

席に着くと、息をハアハアしながら、顔を見合わせて笑った。

「ああ、苦しい。でも、間に合って良かった！」

「ほんと、直美さん、まだ、苦しくて」

喧騒とした人間界が嘘のように、船は時を忘れてゆったりと進む。デッキには、フランス語を話す人々の声で賑わっている。船を囲むレマン湖の水は透明に澄んでいて、静謐が漂う。顔を上げると、アルプスの峰々が水際に切り立つように迫っている。

「さすが、レマン湖は綺麗ね。水の底まで、日の光が差し込んでいるようだわ」

直美はすごく満足そうだ。

二人は、途中のモントルーで下船し、シヨン城に向けて歩き出す。船着き場の傍にイギリスのロックバンドの《クイーン》のメンバーのフレディ・マーキュリーの像がある。その周りには観光客の若い男女が集まり、歓声を上げている。

「この同じ道を、昭和二十九（一九五四）年二月十六日に、森さんは歩いているのよ。森さんもモントルーからシヨン城を訪ねた、と書いてあった」

「六十二年前だと、私が二歳の時だわ。森さんも、私たちと同じ景色を見ていたのね。でも、二月だと、寒かったでしょうね」

「向こうに、鳥の群れが見えるわ。鴨《かも》かしら、鷗《かもめ》かしら？」

「見える、見える。何十羽と連なって泳いでいる。今、輪を作った」

二人は立ち止まって、鳥たちの群れを見詰めた。

「森さんも、湖に集まる鳥たちの光景を本に書いていたわ。湖畔に立って、過去を回想する森さんの目の前に、流れていく水の上で、人間界の出来事や時の流れなどには無関心に無心に泳いでいる鳥たちを見るの。その時の森さんの想いを精妙な言葉で書いていた。そこの文章がまた、胸に染みてくるのよ」

「本を持っているでしょ？　その辺りのところを見せて」

蓉子は、バッグから、またも『バビロンの流れのほとりにて』

レマン湖に浮かぶ船

を取り出した。

「そこのベンチに座りましょうか」と、直美が誘った。

「森さんも至るところに、ベンチが置いてあると、書いていたっけ。恋人がいて、二人で歩いたらさぞ楽しいだろうなとも」

「湖畔に立つと、誰でもロマンチックな気分になりそう。レマン湖は美しすぎるもの」

「さて、森さんの文章だけど、「僕は渡し船が向こう岸から戻って来るのを待っていた。その自分の孤独な姿を、僕はふと思いだした。この流れがあそこまで行くのか。僕は自分の中にも時が流れたことをはっきりと意識した。それは白々とした悲しみに似た気持ちだった。それがどういうものなのか僕にはよく判らない。空白、しかし、僕は後悔しない。それは後悔よりはもっと深い悲しみなのだ」とあるわ」

「白々とした悲しみ、なんて、余計悲しくなるわね。この湖を前にして、森さん、とても孤独だった感じ」

「この後に出て来る文章を私は、よく読み返したわ。「愛し、なつかしく思う特定の人々に、僕の感情と愛情とは結晶する。結晶を待ちながら、結晶できないで、飽和状態の液体のようになっているのが、僕のかなしみの本態のような気がする。僕がそういう一種の空間のような存在である気がする」というところ」

「森さんの孤独を切々と感じるわね」

「「**結晶を待ちながら、結晶できないで、飽和状態の液体のようになっている**」悲しみなんて、まるで自分の心をそのまま描いてあるような気がしたものだった。「**僕にとって、他者との本当の接触は、夢の中にしかないのだろうか。なぜ夢の中が本当で現実のそれは虚無なのだろうか**」も、何度ぐらい読んだか」

「森さんは、離婚してパリに一人でいたのでしょう？　やはり寂しかったのでしょうね」

「「**恋愛というのは……僕にとっては、本質的な問題だ。僕は、今以外に新しい愛を求めるということは決してないだろう。僕は自分がはたして愛に耐えることができるかどうか、ただそれだけを自分の根本的な問題と考えている**」を読むと、この頃の森さんには何か愛の苦悩があったのかしら？　と思ったわ。森さんにとって、愛の問題は大きかったのかなと」

「何か、ありそうね。森さんは離婚も、しているのよね。篤信のキリスト教徒であった森さんが実質は、どんな愛を考えていたのか、関心が湧いて来たわ。本の中には、何か書いてある？」

直美は真剣な眼差しである。

「森さんが、マドリッドを旅している時に、書いているくだりがあるわ。ここに森さんの愛の考えのすべてが語られているように思った」

蓉子は、頁を開いて、直美に本を手渡す。

「キリスト教は肉体を軽んずることによって、何という大きいあやまちを犯しただろう。あるいは人を苦しめただろう。一生は一回限りであるというのは、肉体の生活はただ一回限りだということだ……肉体は成長し、成熟し、老衰して死んでゆく。ただ一回だけ。だから本当の愛も唯一つしかない。それにすべてを注ぎつくすことのできた人は幸福である。唯一つと僕は言ったが、本当の人生を生きる人間にとって、愛は一つ以上あっては、かえって余計で、愛そのものを破壊してしまうのだ。しかしその唯一つはどうしてもなければ、その人の全人生は、他に何があっても「無意味」なのだ。その代わり、それが一つあれば、他は何もなくても、全部的に充実しているのだ。……殆どすべての人はそれに苦しんでいる。……唯一回限りの人生と愛、それをパシオンというのである」

蓉子は、森のこの文章を目にした時、心の中に長いこと抱えてきた問いに、一つの明白な答えを見出すような気持ちになった。森はこの世の真実を赤裸々に語っている。

森の言葉は、自分の結婚式の四日前に、いや、四日前であれ、都筑高明に会いにいくべきであったという激しい後悔を呼び起こした。あの時に高明に会って、自分は自分の気持ちを正しく告げるべきであった。

森の言う唯一つは何が何でも自分にとり、必要だった。自分の全人生は、他に何があっても「無意味」なのだから。

本当の人生を生きる上で、その一つがあるかないかでは、その人の人生は大違いであった。それが一つあれば、他は何もなくても、全部的に充実したのだから。

あの夜なら、自分はまだバージンだった。自分の人生において、一瞬を永遠にすることができたのではないか。たとえ、忘れられなくなったにしても。

どれほど矛盾に生きた人生であれ、自分の人生は無意味ではなかった、と死ぬ間際に納得することができたのではないか。人生は唯一回だけ。だから本当の愛も唯一つしかない。

母の昌子が、結婚の四日前にも拘らず、高明に逢うよう薦めたのは、昌子には、愛も死も、なおかつ人生というものがよく解っていたからこそかもしれない、と蓉子は、あの時の母の言葉を初めて理解できるように思った。

なぜ、あの時、そこまで自分は考えを巡らせられなかったのだろうか。人間の一生における、唯一回の人生と愛を覚るには、あの時の自分は無知で幼すぎた。

「私の青春時代に、この本を読んでいたら、と残念よ。森さんが言っている内容を、自分自身の問題として気付き、受け止め、真剣に考えられていたらと。真の愛とは、ここで森さんが語っている通りだと思う」

「若い時に、そこまで気付くのは無理でしょ。私は今の歳になっても、愛と死がどう結び付くのかさえ、分からないわ」

「森さんが本の終わりで、カフカの『ミレナへの手紙』を引用している箇所があるの。森さんの言葉はとても難しくて理解できなくて。だからカフカの本まで買って読んだのよ。それでも、解らなくて。でも、解ることが一つあったの。「**孤独の問題は愛の問題にほかならない**」という言葉。身に染みたわ。森さんは、「**これは僕にとって、根本的な問題であった**」と書いてあるわ」

「そこは分かるわ。人は孤独だから人を愛するのでしょ。愛を求めるのでしょ」

「あなたの言っている愛には愛を受動のものとしての色合いが濃いでしょ。でも、森さんのいう愛と孤独は受動の意味だけではないと思うの。愛は人間の根源的な孤独と、密接に繋がっているの」

直美は、怪訝そうな顔付きをした。

「森さんの「**日本には、真の恋愛も困難**」との発言を知って、そうだ、と思ったの」

「森さんがどうして恋愛が困難と考えたのか、理由を知りたいわ」

「「**日本人には本当の恋愛が非常に少ないということです。すぐに親が出てくる。すぐに先生が出てくる。ことに、すぐ友人が出てくる。そのために、本当の恋愛というものは、どうしても日本では成立しにくい**」と、森さんは指摘していたわ」

「そうね。日本では、多くの場合、周りの人がいちいち煩《うるさ》くしてくるわね」

「日本で本当の恋愛が本質的に難しいのは、**「日本人の経験そのものの特色——究極において個を貫けないという要素によるのです」**と、森さんは語っていた」

「個を貫けないか。そういえば、その通りね」直美は納得顔で頷いた。

「個人意識をしっかり持つことが恋愛には不可欠なのだと。私は、個を貫けなった見本のような人ね」

「私も同じよ。ところで、個人意識？　根源的な孤独って？　何？」

「森さんが**「人生は自分にとって唯一回であって絶対にくり返さない。従ってとりかえしのつかないものだ、という自覚も、深く以上のことに根ざしている。僕たちは、人間が幾億人いようとも、自分であって絶対に他の人とは、置きかえられない」**と言っていたことなんだけど」

「この世には、自分という人間は自分しかいない。人生はたった一回だけ。二度と繰り返さない。森さんの強烈な自覚を感じる言葉ね」

「自己をとことん突き詰めていくと、この世には自分という人間はたった一人で、他の誰とも置き換えられない、という人間の究極の孤独に気付く。この自覚が個人意識を生み、自立に繋がる。日本では個人意識が弱いと、森さんは見ている」

「日本はヨーロッパに比べれば、その意味での個人の意識は弱いかも」

「森さんは、個人意識は二人称の関係では育たず、三人称の関係を強調していたわ。二人称は甘えが存在する。三人称になると、我と彼らの世界。我が見る彼らは皆、一個人として存在している」

「二人称の関係に甘えがあるのは分かるけど、三人称の世界ならなぜいいの？　よく分からないわ」

「逆に彼らから見たら、我も三人称で、彼らの中の一人。誰もが一人ずつで存在する。だから、我の自由を考えると同時に、彼らの自由や尊厳を認める責任が我にあると自覚するわけ」

「なるほど、その通りだわね。夏目漱石も『私の個人主義』の中で、本当の個人主義とは、我も我もと、自分の主張を通す意味ではなく、公共の福祉を考える責任があると、書いていたわね」

「森さんも、夏目漱石と重なると思うのは、個人意識といっても、我の主張だけを通そうとする意味での個人主義とは分けて考えているよう。森さんのいう個人は、人格に基づいた個性を伴った個人。デカルトの近代的自我の確立のベースにあるのは、我でしょ。元々、ヨーロッパの人々は神と一個人の契約の関係だから、日本より個人意識が強い。我一人という意識だから、それだけ孤独も深いと思うの」

「そうだわね。個人意識って、個人の孤独に根差しているかもね」

「私は、中学生の時に、母の事故で母が三年間入院していたでしょ。その時、兄弟姉妹もいないから、家では、昼間たった一人。孤独が分かった気がしたはずなのに。でも、本当には分かっていなかったと、結婚してから気付いたわ。遅すぎね」

蓉子は、直美に寂しそうな笑みを向けた。

「父母が私を守ることに一丸となって、最後まで愛情のすべてを注いでくれたから、きっと、愛を受動の問題としてしか考えなかったのね。今にして思うと、青春時代の私に、真の恋愛などできるはずはなかったわ。結婚して、両親も死んで、初めて自分の孤独に打ち震えたの。この世には、私だけ、たった一人だけだって。氷のような冷たさだった」

「あなたの人生も、これまで本当に大変だったものね。ご主人もちょっと普通の人ではなかったし、あんなに一生懸命に育てた潤一君も亡くなってしまうし……」

「恋愛は一人の個の男性と一人の個の女性との関係だから、孤独と孤独の対峙なのよ。「**孤独ということがなかったら恋愛なんぞ、絶対にありえないのです。孤独において成立したもの以外は、多かれ少なかれ、みんな仲人口です**」と、森さんは『生きることと考えること』で語っていたわ」

「私たちの時代は特にね。今は、もうお見合いを世話する人も、ほとんどいないそうよ。あなたも私もお見合いだけど、私たちが最後のお見合い世代だったとも思うわ。私たちは、お見合いも男女雇用均等法もそうだけど、女性の個人意識の自立の端境期の世代ね」

「女性は二十四歳までに結婚しないといけないとか、会社に入ってもお茶汲みが罷り通っていた時代でしたものね。今や離婚も普通になったけど、あの頃は離婚もしにくかった」

「私もそうだけど、上山さんにしたって、みんな大学を出て会社に勤めても、結婚までの腰掛けとしか考えなかったから、結婚したら、すぐ辞めてしまったしね。結婚も一度したら、添い遂げなくてはならない、という風潮だったわよね。離婚なんてとんでもないと」

「でも、本当は愛の問題は世代には関係ないのかもしれない。個の自立の問題かと」

「愛と個の自立とどう関係するの？」

「愛するということは、自分の孤独を懸けること。孤独を懸けても、果たして結果も代償も、得られないかもしれない。残るものは、ただ孤独だけかも。けれど、人間は懸けた自己から逃れることができない。本当に愛したならなおさらのこと。それでも唯一回の人生と愛を生き尽せたら、これが森さんの考える真の愛ではないか、と思うの」

「あなたの説明を聞いていると、分かるような気がしてきた」

「森さんが、レマン湖の畔で、水辺に浮かぶ鳥たちを見ながら、「**僕は自分がはたして愛に耐えることができるかどうか**」と自問した愛の問題も、森さんが自己の中心的課題と据えている、人間が人間になる道をいかに歩いていくか、という問題と同質だ思う。しかも、そこに、自分が死ぬ日までの唯一回の人生と愛、という限定が付く。だから、愛の問題は生きる上の根本的な問題でもあり、死とも結び付くのだと思うの」

森は、「自分の心はいつも分裂していた。フランスに来る時に抱いた希望の一つは、この分裂の底に何か一つのものが見出せるかもしれないということだった」と、書いている。蓉子は、森の「分裂」とは、日本を発つ時の「DÉSOLATION」と「CONSOLATION」とがバラバラになったままの非情な日本の現実を示す言葉と思っていた。

しかし、森の「DÉSOLATION」と「CONSOLATION」の言葉には、森自身の愛の「分裂」も重ねられていた。森の分裂は、また、この四十年に亘る蓉子自身の分裂でもあった。喜びと悲しみ、精神と肉体、夜と朝、生と死、永遠と一瞬、無限と有限、個人と社会といった愛の問題に纏わる、あらゆる二項対立が森の「分裂」の内実であったと、想像する。

「森さんは、ミケランジェロのレダと白鳥の彫刻を見た時、こんなふうに書いていたわ。「悲しいことに僕は、この（ミケランジェロの）大作品群の前に立って、自分が分裂するのを感ずる。……レーダの前に立って夫々いきもつまるほど感動しながら、その感動を一つに結びつける主体、あるいは主体的な曲線が自分の中にないのを感ずるからだ。ミケランジェロはそれらを堂々と一貫して結合するものがあったのだ。しかし僕は自分が分裂するのを意識する方が正しいのではないかという気がしないでもない。これに関して、真実が僕の中に生まれるのはいつのことか」と」

レマン湖畔にそよぐ花

「森さんが、アンジェリコの絵のキリストとマグダラのマリアの統一に惹かれたのも、自分の人生に愛の統一を求めてやまなかったからかもしれないわね」

直美は、アンジェリコの絵を思い出している顔付きだ。

「森さんは、アンジェリコの絵のキリストとマグダラのマリアは、**「全ての感情が唯一つの筆舌に尽くしがたい感情の内にあらわれてくる瞬間である。わたくしは確信しているのだが、人間感情の最も深い姿は、全ての感情が統一を取り戻すこの状態にある**」と、憧れていたわ」

「森さんが、ジョットの壁画に感動したのも、ジョットの壁画に、死の最期の際で、求めてやまない魂の統一の転調を見出し得たからでしょうね」

「そろそろシヨン城に行きましょうか？　お城の中も見学するから、たいそう時間が掛かるでしょう？」

蓉子は本を閉じて、バッグにしまった。二人は、ベンチから立ち上がり、湖畔に沿うシヨンへの道を歩きだした。

途中、湖に面したレストランのエデン・パレス・オ・ラックで遅い昼食を摂る。湖岸に咲く足元の花々が湖を渡る風に揺れながら可憐に咲いている。

シヨン城を見学した後は、シヨンの船着き場からローザンヌ行きの船に乗る。

「森さんは真の愛に出会えたのかしら」と、直美が蓉子に問い掛けた。

「森さんは一九六二年から一九七二年まで、フランス人の女性とも生活を送り、その女性に手紙を送っていたらしいの。アリ（仮名）がアンヌ（仮名）という女性に送った『アリアンヌへの手紙』という書簡集があるのよ。アリが森さんの有で、アンヌは女性の名の一つで、アリアンヌは二つをくっつけたとか。アリが出したアンヌの手紙の中に、鈴蘭《すずらん》を一輪同封していたわ」

レマン湖に浮かぶシヨン城

「フランスでは、五月一日は、愛しい人に鈴蘭を送る日よね」

「鈴蘭は愛する人に上げる花なの？　鈴蘭にはそんな意味があるの？　あなたはよく知っているのね。私は全然、知らなかったわ」

何の気なしに言った途端、蓉子は、昔、都筑高明が蓉子に送ってくれた一九七五年の五月一日付の手紙に、鈴蘭の花が一輪手書きで描かれていたのを思い出した。

素朴で可愛い鈴蘭だった。お誕生日カードにも美しい鈴蘭の花が付いていた。純白の清楚な鈴蘭だった。

「それでも、森さんは、「**結局のところ、僕は、たしかにそれは一つには僕自身のせいであるが、真の愛に出会わなかった**」と、一九七一年四月十二日の日記に記していたわ」

「寂しいわね。死ぬ五年前の日記かしら。森さんの愛は、ジョットの絵のように、死ぬ時には統一が取れたのかしら」と、直美は湖面を見詰めてぽつんと言った。

「先刻の日記の続きがあるわ。「**というのは、愛は多くのものと同様に、その本質から言って、後になってみなければ判らないものだからである。かつて愛があったこと、それが真の愛の一つであったこと、それは今になって知るからである。しかし、その当時は、それがこういうものであるとは知らなかったのである**」とね」

燃えるようなオレンジ色の沈む夕陽の最後の光を浴びて、紺碧色の水面は、はるばると輝いていた。

霧が立ち込め、白い鷗《かもめ》が赤い閃光の中を縫うようにあちこち飛び交った。天から降り注ぐ夕映えが船の周囲で躍っていた。

柔らかに煌めく波の上を、蓉子と直美を乗せた船は滑り行く。

4

ケルンの大聖堂は、ケルン中央駅のすぐ傍で、ライン川の左側に聳えている。

「想像以上に大きくて、圧倒されそう」と、直美が見上げている。

「百五十七mの高さは異様なほど大きいわね」

ライン川岸に見えるケルン大聖堂

「同じゴシック建築でも、パリのノートル・ダムとはかなり雰囲気が違うわね」

「こんなに違う印象を与えるとは、見るまでは思っていなかったわ。森さんも、フランスのロマン教会とは違う印象だと言っていたわ。自然石ではなく、赤煉瓦で組み立てられているからかしらね。森さんの、ケルンのカテドラル（聖堂）についての感想を、ちょっと読むわね」

「特殊な意味で、全く人工的に計量されて出来上がっているところからきているのであろう。しかし、それは僕にとって依然として美であった。……ケルンのカテドラルは、美しさへの憧れを教えてくれたものとして僕にとって尊いのである」

ケルン大聖堂

「森さんはいつケルンに来たの？」

「一九五七年の四月十六日よ」

二人は、二本の塔の真下に当たる、西玄関から大聖堂に入った。身廊の高さにも圧倒された。その後、カテドラルの正面の広場のカフェのテラスで昼食を摂る。

「森さんがケルンのカテドラルに見た美をもう少し詳しく知りたいわね」

「では、また本を出すから、ちょっと待って」

蓉子は『バビロンの流れのほとりにて』を開く。

「森さんは、ケルンのカテドラルは、パリのノートル・ダムの**「内面的、生成的、有機的な美と対照的に、その美しさを示している。そこでは美は構造に内在している」**と、述べているわ」

「構造の美ね。ドイツらしいわ。フランスとの違いね」

「森さんは、一九五〇年にパリに来て以来、ずいぶんたくさんの教会を見て歩いているの。初めは、ノートル・ダムのカテドラルに象徴されるロマン式の教会の美しさに惹かれていた。

のみならず、ケルンのカテドラルのゴシック建築の様式に内在する美をも認めているわ」

「他方僕は、……別種のもっと複雑な美を見出していた。ケルンのカテドラルは、一つの文明の啓示だった。……この美は錯覚ではなく、カテドラルそのものに内在しているということである。ケルンのカテドラルはある意味でこの種の美を顕在化している。そういうことはまたゴチック建築の本質に属するものである」

お昼過ぎに、五十九年前、森が辿ったのと同じコースで、ケルン駅から、ハンブルクを通り、リューベックに向かうICEに乗る。終点に近づくにつれて、乗客の数は減っていく。社内の乗客はみな、蓉子たちに言葉を掛けてくれて親切だった。

リューベック中央駅

リューベックの中央駅を下り、旧市街入口のホルステン門まででは、プッペン橋を渡って六~七分だ。リューベックは、バルト海の西南に位置する、十三~十四世紀のハンザ同盟が栄えた時に最も繁栄を極めた港町である。ホルステン門を前にして、直美が嬉しそうに声を高める。

「二本の尖塔が印象的ね。入口の上に、金色の文字で何か書かれているわ。何かしら?」

ホルステン門全景

ホルステン門の二つの塔

ホルステン門に刻まれたラテン語

「ラテン語で『内（リューベック）は団結、外には平和を』の意味を表しているの。塔は、リューベックのシンボル。一四六四年から七八年頃、建造されたようよ。ハンザの盟主の誇りと富を象徴するかのようね。門をくぐった先の右手にある煉瓦積みの建物が塩倉庫。黒褐色の煉瓦によって造られた重厚な建物ね」

「こうして、建物を直に見ると、森さんがケルンのカテドラルについて述べていた感想の通り、ドイツの建物には、見事な構造美を感じるわ。やはり、実際に現物をこの目で見ることにより、本からでは分からない森さんの感覚を納得できるわね」

「あなたにそんな風に仰っていただくと、私も嬉しいわ」

翌日は、トラヴェ川の船のクルーズをする。リューベックの旧市街は、トラヴェ川と運河に囲まれた中の島にある。川幅はそれほど広くない。だが、嫋やかに流れる澄んだ水の両岸には、色鮮やかな葉の重なりが階段のように川面を包んでいる。

木々は光の洪水を浴びて、キラキラと輝き、川面にも深く枝葉を落としている。水面の小さい影の煌めき。風の戦《そよ》ぎ。木の葉が流れる。風が流れを押してゆく。水は止まらない、風も止まらない。

トラヴェ川のクルーズ

真っ青な高い空に向けて、くっきりとマリエン教会の量感に溢れる二つの塔がまっすぐに立っている姿が船の中からも、目に入る。
下船後に、さっそく、マリエン教会の中に入る。マリエン教会は、一二五〇年から一三五〇年に建てられたゴシック様式の教会で、北ドイツでは最も美しいと言われている。
「森さんも、リューベックの街を歩きながら、「**マリエン・キルへのうしろ姿は、均整がとれて、実に美しかった**」と書いて

マリエン・キルヘの二本の尖塔

船からのマリエン・キルヘ

いる。この教会の中には、八五一二本ものパイプを持つオルガンがあるそうよ。巨匠ブクステフーデが専属オルガニストを務めていて、逸話では、バッハやヘンデルがブクステフーデの演奏を聴きに来たとか」

「バッハがオルガンの音色に酔いしれた教会なのね。マリエン教会の鐘の音がさっき、船に乗っていたら聞こえたでしょ。綺麗な透明な鐘の音で、心が洗われるようだった」

「ただ、森さんがここを訪れたのは、一九五七年の四月。五十九年前。当時は、戦争の傷跡が残されたままだったみたい。一九四一年に英軍の空襲で無残に破壊されたドームの後始末も、十分についていなかったよう。森さんは「**僕はがらんとした広い教会の中に佇んで、広い窓から降って来る白い光に照らされた堂内を眺めていた。……今ここに、この寒々とした教会の外形だけが残ったことを考えた。……この寂寞の感は強く深いのである**」と記してあるわ」

「森さんが今ここに座れば、また違う感慨が生まれたでしょうね。感想を聞いてみたいわ。あらっ、バッハのコラールがどこからか聞こえてくるわね」

直美が気付くまでもなく、どこからともなく、美しいパイプオルガンの音が堂内に静かに響いていた。

「若き日のバッハはこのマリエン教会で宗教音楽を学んだの。後世ここでの学びが『トッカータとフーガ・ニ短調』などの名曲に結実したそうよ」

マリエン・キルへ

ハイリゲン・ガイスト病院の前景

「リューベックがバッハとこれほどゆかりの深い街であったとは、ここに来るまで知らなかったわ」と、直美は感心した様子である。
その後、二人はバスに乗り、町中に行く。ケーニッヒ通りを抜けて、ブルガー通りに面するハイリゲン・ガイストに向かう。街並みは、清潔で整っている。レースや刺繍を施したテーブルクロスがウインドウに飾られたインテリアのお店も見える。
「ところで、ハイリゲン・ガイストって、何なの?」
「私もよくは分からないけれど、聖霊養老院みたい。森さんは「**ハイリゲン・ガイスト病院の、長々とそのフロントン**

ハイリゲン・ガイスト病院内の壁画

ハイリゲン・ガイスト病院の入口

を幾重にもならべた、前景は、周囲のオランダ風の赤煉瓦の建物と調和して、静穏な美しさに溢れていた」との印象を記しているわ」

蓉子は『バビロンの流れのほとりにて』の、その頁を開いて直美に手渡す。

「ハイリゲン・ガイストの病院の正面は、緩い勾配で傾斜した石畳をしいた、広場に、面している。三角形のフロントンが幾つか並んだ正面は、高さが低く、非常に落ち着いた感じを与える。建物は赤味帯びた褐色の煉瓦で出来、それが、広場の外の建物の形や色と調和して、静かに落ち着いた雰囲気を醸し出している。しかし静かで落ち着いた、ということの形容は、単にそれだけでは、他のものにいくらでも適用できる。だからこの場所の、この落ち着いた静けさは、その形、色、すべてに表れている。もっと奥にあるもの、からきているに相違ない」

「ここを読み、ぜひともこの場所に来てみたくなったの」

残念ながら、五十九年前の森の描写と現実は同じではなく、建物は通りに接近して建っている。無造作に置かれているような感じだ。

ドアを開けると、がらんとした空間が広がっていて、誰もいなかった。

少し古びた匂いのする部屋だ。窓から差し込む薄い光に助けられて、キリストに関する大きな絵が浮かび上がる。窓と反対側の壁に掛けられ、まるで、絵が壁面の一部をなしているように思われた。養老院自体はこの部屋の奥にあるのかもしれない、と思う。

「森さんは、ハイリゲン・ガイストについて、さらに書いているわ」

蓉子は、また『バビロンのほとりにて』の本の頁を捲り、数行を読む。

「前の箇所で、ハイリゲン・ガイスト病院の美しさを書いたが、僕はその瞬間に、オランダのズヴォッレの町で「キリストの模倣」を書いたゲーラルト・グローテ、またそれをラテン語に訳したトマス・ア・ケンピスを考えていた。……ハイリゲン・ガイストの感覚的印象と「キリストの模倣」が僕に及ぼした魂の感覚（こういう言葉しか今のところ使えないが）との間に感応が起こったということである」

「『キリストの模倣』も、トーマス・ア・ケンピスも全く分からないけど、この場所は森さんの魂に訴えるものが何かあったのは事実みたいね」と、直美が語る。

「森さんは、「**もっと奥にあるもの**」を感じ取れたのね」

蓉子は、森のいう「**もっと奥にあるもの**」が直接的に感じ取れなったのが残念だった。ここまで来たのに、森の語る本当の意味をハイリゲン・ガイストの建物からは汲み取れなかった。

おそらく、直美の言うように、『キリストの模倣』を見ないと、理解は遠いのかと思う。時間の隔世も、あるのかもしれない。

ヤコブ教会

蓉子と直美は、壁面のキリストの絵を写真に撮ってから、明るい外に再び戻った。向かい側のヤコブ教会の中から、バッハのオルガンの音が聞こえてくる。

「中に入ってみましょうか」

二人は、オルガンの音色に引き込まれるように、教会の扉を開けて、後部座席に腰を下ろした。合唱席のところには、二〜三十人の人々が集まって、コラールを唱っていた。

蓉子は目を瞑ってオルガンから紡ぎ出されるバッハの繊細な音の調べにじっと耳を傾けた。静寂に、悲しみとも言える情感。この安らぎ。

十五分くらいして、演奏が終わり、教会を後にした。トーマス・マンのブッテンブロークハウスの方角に歩き出す。

「森さんは、六日間、リューベックに滞在しているの。森さんは、リューベックがとても気に入ったみたい。「**この町は余りドイツ的でないのかもしれない。全体の気分はかなり緩んでいるようである。人間も少しも田舎くさいところがない。しかし、僕はこの雰囲気が好きだ。人々は礼儀正しく、しかも世話好きでない。長い中世からの国際的環境がこういう空気を育てたのであろう**」と、書いてある。この道を歩きながら、森さんはバッハについて、一生懸命に考えていたみたい」

「あなたが、森さんはバッハがものすごく好きだったって、言っていたわね」

「リューベック滞在中、森さんの頭がバッハで埋まっていたのも、この町は、あちこちの教会からバッハの生の音色が聞こえてくる要因もあるわね。今、ヤコブ教会で私たちがオルガンの演奏を聞いたみたいに。リューベックはまるでバッハと一体になった街みたい」

「森さんは自身でオルガンも弾いていたの？」

「森さんは、九歳の時にピアノでバッハを弾いていたのですって。中学生になってから、オルガンでバッハを。戦争中には、オルガンは家にはないから、青山学院や明治学院や立教大学に出向いて、バッハをオルガンで弾き続けたそう」

「戦争中も弾き続けたなんて、森さんはよほどバッハが好きだったのね」

「バッハのオルガン全集は、戦争の期間を通じて、私の最も尊い伴侶であった」と、日記に書いてある。パリ留学も、バッハにさらに近づく要因になったみたい」

「そうね。当時の日本では、音楽って、まだまだ日常と結び付かない面が多かったでしょ。特別なことみたいな。パリだったら、教会やコンサートなどで、バッハを身近に聴く機会には恵まれるわね」

「森さんの人生にとって、バッハはなくてはならないものになっていたの。亡くなる直前まで、毎日バッハの曲を弾いていたそうよ」

「森さんは、どうして、バッハをそれほど好きになったのかしら？　森さんはクリスチャンだから、普通の人よりは、教会音楽であるバッハのオルガン曲を理解しやすい環境には、いたでしょうけれど」

「私も、長い間、解らなかったの。バッハの音楽もよく解らないし。でも、トーン・シュプラッハを知って、理解できた気がしたの」

「トーン・シュプラッハって、何かしら？」

「さっきのオルガンを聞いても、思ったのだけど、バッハの音楽には、言葉はなくても、音の言葉が聞こえるでしょ。ドイツ語でいうトーン・シュプラッハ。これはシューベルトにも受け継がれているのだけど、バッハの音楽から生まれたのですって」

「トーン・シュプラッハって、初めて聞くわ。詳しく教えて?」

「日本語では音の言葉。シューベルトは、詩人の言葉で紡がれた詩の世界を音楽に移し替えるの。詩人が表現している感情を深く追体験し、音楽に再現する。音の言葉で音の芸術を創り出しているのよ。歌曲だけでなく、ピアノ曲にも交響曲にも、音の言葉があるの」

「トーン・シュプラッハとバッハの音楽はどう関係するの?」

「バッハの音楽は、教会音楽でしょ。当時、中世の教会では、宗教上の争いなどもあり、教会の中に、絵や彫刻などの飾り物を架けることを禁じたの。プロテスタントの教会がイエスやマリアの裸体の絵がエクスタシーを呼び覚ますのはいけないと考えて。人々の気持ちを掻き乱すものは、すべてご法度にしたの」

「プロテスタントの教会がキリストの絵を架ける行為まで禁じていたのは、知らなかったわ」

「そこで、閉じ込められた人間の心の中の想い、感情や情念をバッハのように音の言葉として、教会音楽が表すことになっていった。バッハの音楽にはトーン・シュプラッハが根底にあるのですって。人間がぎりぎりのところまで、自分を抑制し、溜め込んだ想いが、死の淵で吐露される。だから、トーン・シュプラッハは「溜息の言葉」とも言われているのよ。二十年前、ドイツ・リート研究会で、トーン・シュプラッハの意味を知った時、バッハの音楽の内面にある、音の言葉を森さんは汲み取ったのだろうと、理解したの」

二人は、カタリーネン教会の前を通る。蓉子は、森もカタリーネン教会を通り過ぎたのを思い出した。立ち止まって、本を開く。

「森さんは、バッハの音楽について、日記にこう記していたわ。森さんの後の思索の「経験」に繋がる話ではあるけれど」

蓉子は、バッハの音楽について書かれた頁を開いたまま、森の日記を直美に手渡す。

「バッハの音楽も宗教的性格の強いものであるが、その本質は、人間感情についての伝統的な言葉を、すなわち、歓喜、悲哀、憐憫、恐怖、憤怒、その他の言葉を、集団あるいは個人において究極的に定義するものであり、それは正に、かくのごときものとして在るのであり、それが自ら伝統的なものを定義していることが意識されるのであって、それはもう説明されることのできないものである。音楽というものは、私にとってそういうものである」

「ちょっと難解な文章すぎて、よく分からないわ」

「難しくは書いてあるわね。音楽は言葉がないけれど、バッハの音楽の中に、トーン・シュプラッハ、すなわち人間の奥底に秘めた喜びや悲しみの感情を汲み取っていることを語っていると思ったの」

「伝統的な言葉って、どういう意味かしら?」

「森さんが説明するように、人間が太古から持っていて、時代を越えても変わらない、人間

リューベックの道

トーマス・マン記念館

の本質的な感情や情念を意味すると思うの。その感情を「歓喜」とか「悲哀」とかの言葉に名付けて表現する時に、定義と表現しているのだと思うの」

「あら、マン兄弟記念館が見えるわ。森さんのバッハのお話は、またゆっくり続きを聞かせて。ブッテンブロークハウスは、トーマス・マンが四歳年上の兄と頻繁に訪れた祖父母の家でしょ。白亜の瀟洒な建物ね」直美は記念館に向かって、小走りになっている。

マン兄弟記念館は、一八四一年から一九一四年まではマン家の所有だった。だが、戦争で破壊され、建て直された。マンの一族は由緒あるリューベックの豪商。この家を舞台に商人の一族の興亡を描いた『ブッテンブローク家の人々』で、トーマス・マンはノーベル文学賞を受賞した。

「森さんは、トーマス・マンについて、こう記しているの」

「それ（リューベックの街）は、十三世紀のハンザ同盟以来、あらゆる歴史の変遷に耐えながら、堅実に、着実に築き上げた

ヨーロッパの近代の市民社会の象徴のように見える。それは富を蓄積しそれに伴って自由と平等とを獲得し、更にその上に、文化を咲かせた。殆ど日本では想像もできないその堅固さ、生活の智慧と享楽、トーマス・マンの文学はそれに対して更に反抗した実に高次元のものであることを考えなければならない」

「森さんて、フランス革命に代表されるヨーロッパが、自分たちの力で、獲得した自由と平和の近代市民社会を評価する人と思っていた。でも、丸ごと評価している訳ではなくて、そこから生じた資本主義の歪《ひずみ》にも、気付いて、警告を鳴らしてもいるのね」

直美と蓉子は、マン兄弟記念館を出て、石畳の道を踏みながら、町の南側のほうに下りていった。夕暮れの運河に出た。黄昏の中に静かな水を湛えている。

5

翌朝、リューベックの駅を出た汽車は運河に沿って、バルト海に向かう。窓から見える運河には、汽船が何隻も停泊している。

「いよいよ、バルト海に行くのね。胸がわくわくしてきたわ。到着までは、三〜四十分かしらね」と、直美は燥《はしや》いでいる。

「森さんも、バルト海を見たかったらしいわ」

「昨日のバッハの続きだけど、森さんがなぜ、そんなにバッハにご執心だったか。本にはどう書いてあるの？」

直美は、聞きたそうに、蓉子の手にしている『バビロンの流れのほとりにて』を覗きこんだ。

「森さんは、リューベックに滞在の間、バッハをひたすら考え、バッハについて書いているのだけど、その中で、私の好きなくだりがあるわ。読んでみて」蓉子は本を直美に手渡す。

「ある男が一人の美しい女を絶え入るばかりに愛していた。その女を除いて、自分の人生を考えることはできなかった。……男にとっては、かれの人生は、女を透き通して、その向こうに、虚像のように、夢のように、映っている。あそこへ行かなければならない、あそこには充足があるだろう。本当の人生があるだろう。しかし男と女との間には深淵がある。男の方からそれを越えることはできない。……その男がこのバッハの楽曲をきいたら、かれの心はそれと一つに共鳴してもはや止るところを知らないだろう。やがてこの旋律は男の心の中の面影を吸収しつくし、強くただひとり鳴りひびき、ついには、男の心自身も吸収しはじめるだろう。そして女の姿は、もはや誰彼ではなく、永遠の女性に似たものとなり、男の心には、新しい熱情が湧きだしてくるだろう。しかし、そのためには、バッハのこの曲がなければならなかった。対象を汲み尽くす芸術作品の作用をみごとに見抜いたのは、マルセル・プルーストであった」

「とても綺麗な文章だけど、理解しづらいわね」

「私も、この文章が最初は、解るようで、解らなかった。何度も読んだのだけど。長い間解らなかったの。それでも、ある時、突然理解できた気がした。ここにも死の問題が出て来るのだけど」

「あなたは、どういうことが解ったのか、教えて？　その前に、森さんのバッハについての文章の続きを読んでみるわね」

「人生の究極に出会うこの憂鬱。何とこの静かな憂鬱。福音書のキリストの死から復活への記事が、何とこの静かな憂鬱にひたっていることか。そこではすべての人物が、薄明の白い光の中に、影絵のように音もなく動いている。それは喜びでもない、悲しみでもない、生きつくして、静かに待つものの気分だ。そしてそれを越えた崇高なもののAVANT-GOÛT（前兆・予感）だ。しかし、それは単なる希望ともちがう。その前に死が来るからだ。しかし、人生を生きつくした時、この死が不思議な転調を行って、恐怖ではない憂鬱を生み出す。バッハのコラール前奏曲……は、それ自体、この静かな憂鬱を、力強い、一音一音を区切って発声されるあの厳正なコラールの中に盛っていた。それからバッハが導き出した曲は、この気分を実に深め高めてきかせてくれる」

「フィレンツェで見たジョットの絵を思い出すわね。「憂鬱」の意味がよく解らないけれど」

「私も最初は「憂鬱」の意味が解らなかったわ。森さんは、「バッハは、その全生涯を費やして、この憂鬱に達した」と言っている。「憂鬱」の言葉のイメージは暗いけど、「悲しみと慰め」の統一された世界を意味する言葉が「憂鬱」だと思ったの。唯一回の人生に、森さんが求めてやまない、運命を越えていった先にある境地」

直美は「憂鬱」の意味を少し理解したのか、安心したような表情を見せた。

「森さんは、バッハだけではなく、ジードも、リルケも、ゴッホも、ドストエフスキーもみな、生き尽した先に見えるものは同じ境地と考えている。彼らについて、次のように書いているわ」

「しかし、その人たちの運命は悲劇に充ちている。殆どすべての場合、孤独の中に終わるのだ。しかしその時、かれらは、ものをそのあるがままにおいて見、そのままに受け入れることのできる「DÉSOLATION と CONSOLATION」とが一つに融和した境地に達するのだ」

「「憂鬱」の境地に達することが森さんの「DÉSOLATION と CONSOLATION」の融和の意味なのね。「DÉSOLATION と CONSOLATION」の融和——つまり、孤独や死、運命の悲しみを、あるがままに見、そのまま受け入れる境地なのね」

「森さんは、さらに、次のようにも書いているわ。「我々一人一人もこの肉体の形とそれに連る感覚的世界を経過して、それを脱ぎ去るところまでいかなければならないのだ。それは何も芸術作品を作ることに限らないのだ。それが我々一人一人が自分の時間をもつことの意味なのだ」

「森さんは、その境地について、バッハやゴッホのような特別な芸術家だけではなく、すべての人間の生き方として捉えているのね」

「話がちょっと横道に逸れるけど、ごめんなさい。無名の何でもない人でも、この境地に達する話なの。森さんが『遙かなノートル・ダム』に、パリの小母さんとルオーの絵を結び付けて、同質の美しさを持っていることを書いている箇所があり、すごくいいの」

「どんな話なの？」

「パリのアパートの家政婦さん。死ぬまで働き続けて決して楽な人生を生きたとは言えない一生。しかし、家政婦さんの生活は、勤労と規律と責任と人間の心で、堅固に堂々と規定される何者かであった、と森さんは語るの」

蓉子はバッグから『遙かなノートル・ダム』の本を急いで取り出した。直美は興味津々という顔付きをしている。

「その小母さんが病いの末期にあって、子供たちに向ける小母さんの優しい眼差しに、冬の午後の薄い光が降り注がれる。その光は、ルオーの絵の風景に描かれた「**名状しがたい柔らかい光**」であった、と森さんは伝えていた」

「その光って、きっと、「DÉSOLATION と CONSOLATION」の融和の光ね。ルオーの絵とは、どんな絵なのかしら？」

「ルオーの『夜景』。森さんは、ルオーの絵に、「**地平線に彩るあの和められた浅みどりの光**」を見ているの。ルオーの絵の「**あの暗さから明るい光におもむろに映っていく、あの色彩のヴァリアシオン**」は、小母さんのような人生の象徴ではないか、と考えるの」

蓉子は、手にしていた本を直美にそのまま見せる。

「「**人生が死の夕闇に呑まれていく時、地平線に映るあの名状しがたい柔かい光は、また明日があるのだという希望をなげているのではないでしょうか**」と、書いてあるわ」

「綺麗な文章ね。何だか心が、ほっくりしてくる」

「ここの文章を読むと、死の数日前の母を思い出すわ。私に「ありがと」と、言った時の安らかな微笑み。母の目にも窓辺の陽の光が差し込んで、瞳が柔らかに輝いていた」

直美は、懐かしくなって細めた蓉子の目を、じっと見入った。

「パリの小母さんや母を考えると、いつも思うの。確たる業績も残せず、ひっそりと無名に死んでゆくであろう、本当に何でもない一介の市井である平凡な私たち一人、一人。そんな私たちの生涯も、また、いかに誠実に一生懸命に生き抜いたかで意味と価値を持つ、と」

「パリの小母さんとルオーの話、教えてくださり有難う。生きる勇気が出るお話ね」

「バッハも、昨日お話ししたトーン・シュプラッハを、音楽の中にどう紡ぐかに、全生涯を費やしたのだと思うわ。森さんがバッハの音楽に惹かれる理由として、『**人間の感情が転調に**

よって変貌して表れている』と、転調の美しさを挙げていた」

「バッハの曲にもシューベルト同様、美しい転調が見られるのね」

「バッハも音楽の中に、孤独を濾過して、人生の喜びと悲しみを結ぶ架け橋の音を必死に模索したのだと思うの」

「そうでなければ、バッハの音楽にあれほど透明な美しい響きは生み出せないわね」

「バッハの悲しみを濾過して、生み出した、透明な響きこそが、バッハの音楽がもっとも神に近いと言われる理由かしらね」

「さっきの女性を愛する男の人の話だけど、苦しんで、苦しんで。たとえ、その想いが成就しなくても、痛みに耐え、その想いを研ぎ澄まし、醗酵していく。最後には女性を誰彼ではなく、永遠の女性にまで昇華するなんて、素晴らしいわね」

「バッハの音楽には、言葉はないけれど、人間が生きていく道での喜びや悲しみが刻まれている。のみならず、人間があらゆる甘さを払いのけて、運命に耐え、悲しみを越えて行き尽くした先にある世界への転調があるわ。喜びと悲しみが統一した穏やかな崇高な世界」

「その時、バッハは先刻の男性一人の心だけではなく、万人の心をも吸収したのね。森さんも、バッハの音楽にその調和を汲み取ったわけね」

「だけど、完全な調和の前に人間には死があるわ。だから、「憂鬱」という言葉を森さんは敢えて使ったと思う」

「音楽は言葉もないから、意味が分かるわけではないのにね」

「音楽は言葉では表現できないし、時間と共に流れていくから、一つの死かもしれない。しかし、音楽がなぜ人間を感動させるか、森さんは美の真実に迫るとても良い解析をしているの。音楽だけでなく、絵画、文学、など、芸術のすべてに通じるのだけど」

話をしているうちに、汽車はトラヴェミュンデ・シュトラント駅に着く。駅前の大通りをまっすぐに歩いていくと、白いビーチに出る。東風が強い。

バルト海

「広い。遥か東の方まで、ずっと広がっている。見渡す限り海、海、海ね。海の向こうの遥か果てには、デンマークがあるわけね」と、直美が、まっすぐ先のほうを見て、指した。

「森さんはバルト海を見て、「**一つの新しい世界に触れた感動が胸の中に重く発酵している。これをどの程度に言いあらわせるか判らない。……この海、僕はどんなに昔からバルト海に憧れていたことだろう**」と、書いている」

「森さん、さぞ、嬉しかったのでしょうね」直美はにっこりした。

「私も、森さんのその文章を読んで、どうしてもバルト海を見なくては、と思ったの。だから、今、ここに来られてとても嬉しいわ」

美しい晴れた真夏の青空の下に、透明な青い水がどこまでも広がっている。森が「**その水は実に重い感じがする**」と記していたが、その通りだ。逆に、足元の砂浜の砂は粉のように細かく、軽く、陽の光に反射して灰色に輝いている。

木でできた桟橋が一本、浜から海に向かって数十メートル先まで突き出ている。その付近で、色とりどりの水着姿の浮輪を持った子供たちが奇声を挙げている。

バルト海の砂浜

森も五十九年前に、同じ光景を眺めていた。

「子供たちが、杭の上に渡した材木を伝って、海の先の方まで行こうとしている。僕は急に自分の娘を思い出した」と、森は、バルト海の岸を歩きながら、死んだ娘を思い返す。

「こうして歩いて行けば、少しは去っていった娘と近くなるのだろうか。しかし立ち止れば、いつまでたっても娘のところに行くことはできない。だから僕はどうしても歩き続けなければならない。……死人を呼びかえすことができなければ、自分が死の中へ入って行くほかないだ

ろう」と、森は悲壮な心を記している。

蓉子は母が亡くなった時に、森の死観、「「在る」ということに対立できるものは何もない。あるとすれば、「なくなる」ということだけだ。何という恐怖すべき対立であろう。そして何という静けさだろう」に、やけに共感したのを思い出した。

この死観は、森自身の身近な人の死の経験から紡ぎ出された重い思索であると、蓉子は改めて納得した。蓉子も、桟橋を眺めながら、森の境地を察し、思わず胸が重苦しくなった。

よく見ると、その先には、大人もたくさん泳いでいる。リューベックの市民たちだけではなさそうだ。

海のないドイツの人々は北の果てまでやって来て、短い夏を心行くまで味わおうとしている。遠くの空に大きな鷗《かもめ》が二羽、飛んでいる。蓉子と直美は、砂浜の右の隅に置いてあるデッキチェアを持ってきて、腰掛けた。

「森さんの音楽についての解析だけど、どんな解析をしていたの?」

「森さんが、人間の人生も、本当の愛も唯一回と言ったように、芸術も、唯一回の「取り返しのつかなさ」が、深く関係するのよ。森さんは、こう書いている」

「自分が感覚に忠実に生きるということは、この時の流れの「とりかえしのつかなさ」が人間の中に侵入して来る、ということだ。その時すべての映像は時の堆積を重く帯び、本当に人を養うことができるものとなる。そしてこの堆積が限りなく醗酵を重ね、その内側から、時の流れに抵抗する重みが生じてくる時、それは結晶して、時を越える形を獲ようとする。ここに流れと動きとを越える、動かない、静かなフォルムへの、嘆きにみちた、憧憬が、すべての芸術の根底となる意味をもってくる」

「森さんの言う、流れていくものと堆積されるものって、どういうこと？」

「おそらく、流れるものが悲しみで、堆積するものが喜び。森さんがよく使う、飽和状態と結晶した状態かな。飽和状態が結晶状態に向かうには、時間の経過が自ずと存在する」

直美は不思議そうな顔をして、蓉子を見詰めた。

「私、この森さんの文章にすごく感動したの。芸術の美が分かったような気が一瞬したわ。森さんは、モータル（死を免れ得ない）な人間の世界において、流れさるものを凍結させる、芸術の不滅性を語っていると思うの」

「音楽は絵や彫刻のようにじっと止まっていない。絶え間なく流れ出している音楽に不滅性があるのかしら？」

「音楽家も画家も皆、自分の作品に打ち込んで生涯を費やしている。生き尽くした果てには、時を越えたインモータル（不死の）の世界が作品に刻まれていると思うの」

「でも、音楽は言葉もないし、たちまちのうちに流れ去っていくでしょう？」

「流れ去っていかないものもある。キーツの『Ode on a Grecian Urn（ギリシアの瓶《かめ》）』の詩を、たまたま読んでいたら、森さんの今の文章が、ぱっと甦ったのね。その瞬間、森さんの書いている内容を理解できる、と思ったの。キーツの詩も森さんのいう時の流れの「とりかえしのつかなさ」の強烈な自覚から出発していると思う」

「キーツの『ギリシアの瓶《かめ》』の詩なら、私も知っているわ」

「瓶には、恋の喜びに陶酔《とうすい》する人間の姿が刻まれている。しかし、そこに描かれている人間は、瓶の上の人間で動作がない。瓶の上に静止した状態のまま何千年と残されてきた」

「確かに、キーツの詩の『ギリシアの瓶』に刻まれた人間は、静止した状態のまま何千年と残されているわ」

「それゆえに、やがて死ななければならない人間の激しい情熱を、瓶の中の人物は遥かに越えている。そこに刻まれた愛が静止し、堆積《たいせき》、醗酵《はっこう》、凍結、結晶され、永遠の生命を持つ」

「そうね。愛や美は時に破壊されるけれど、キーツの詩の瓶の中では、留められる。瓶には、いつまでも冷めることのない、絶えず恋に浸れる愛が、刻まれているわね。キーツ自身も『ギリシアの瓶』の詩を書くことで、瓶の中だけでなく、詩の中にも、愛や美といった流れさるものを永久に留められる、と信じていたのよね」

「森さんの言葉を使えば、時の経過は瞬間の堆積で不可逆性でしょ。だから、流れていくのとは逆に、その堆積が内部から時の流れに抵抗する重さを帯びる。さらに流れと動きを超えて完全に沈黙し、静止する。それが時を越えての永遠という意味かと」

「私にも、永遠の意味が解ってくるような気がするわ。森さんが言っていたバッハの音楽の主人公が、恋する女への想いを吸収して、やがて女を永遠の中に昇華したのと、ギリシアの瓶も同じ種類のように思えてきたわ」

「同じだと思う。堆積は時間と共に、益々深められて、流れを留めるの。本当に良い芸術には、流れを留めるものが、きっとあるのよ。しかし、凍結して、決して動かない。だから、沈黙して動きがないために、そこには嘆きの悲しみも残る」

「この嘆きが、森さんがバッハの音楽に対して「憂鬱」という言葉を使ったわけね」

直美は、「憂鬱」の意味を理解できて、すっきりした表情だ。

「音楽を始めとして芸術には、この堆積の喜びと共に、沈黙の悲しみが溶け合ってあるから、人の胸を打つと思うの」

「キーツが『ギリシアの瓶』の詩の最後で、瓶に向かって、「悲しみの中に……おまえはいつまでも人間に対する一人の友として残るであろう」と呼び掛けた言葉と、森さんが、「**動かない、静かなフォルムへの、嘆きにみちた、憧憬が、ある**」と表現したのと、同じね」

「同じだと思う。音楽、絵画、彫刻も、芸術には、言葉はなくとも「**動かない、静かなフォ**

ルムへの、嘆きにみちた、憧憬が、ある」。その共感が、私たちに感動を呼ぶのね。森さんは、芸術の本質的な意味について、次のように述べているわ」

「言葉ではない世界、人間の意識が一つのものに化する瞬間、これがどうしても確保されなければならない。一つのものと僕は書いた。しかし、それは時間的に延長するものである。空間が時間に凝縮的に延長する。芸術と文学との本質的意味は、これを象徴し暗示することである。……この二つが一つに化する瞬間があり、そこに人は真理を感ずる」

「森さんの文章の全部を理解するのは難しいけれど、優れた芸術には、「DÉSOLATION と CONSOLATION」の融和がある。そこに人は真理を感ずると、言っているのね。バッハの音楽だけでなく、真の芸術には、それを感じることができる、とね」

「そうした真の芸術は、聴く人、見る人に弧を架けるのでしょうね。弧とは、きっと、「動かない、静かなフォルムへの、嘆きにみちた、憧憬」ね。受け止める側の質も問われるのかもしれない」

蓉子は、森の日記をバッグから取り出して、頁を開いた。

「森さんは、日記（一九四五年十一月二十八日）にこうも記している。「バッハを思う存分奏でようと思う。僕が底の底までじっと眺め入りたいのは、バッハの音楽そのものと言うよりは、むしろ悲嘆の内にある自分の魂なのである」とね」

「私たちが芸術に感動する理由は、魂の美と形の美が一致している相を想像できるところにあるのではないかしら。ある固有なものを機縁として、それが特定された姿でありながら、それを越えて、普遍性のある弧を投げ掛ける。人の心に弧が届いた時、共鳴するのではないかしら。弧には形でありながら魂があるのね」

「さっきの、ルオーの絵に戻るけど、ごめんなさい。森さんは、ルオーが描く光に**「人生が死の夕闇に呑み込まれていく時、地平線に映るあの名状しがたい柔かい光は、また明日があるのだという希望」**をこと更に意図して『夜景』を描いたという意味ではないと、補足している」

「こと更に描いたわけではないのなら、なぜ描いたの?」

「しかし、ルオーが、そういう平凡な何万人かの一人で、徹底的にあってみれば、かれが自分を刻み出していったその究極に、この驚くべき風景があらわれたことは当然ではないでしょうか。自分一人の道に徹したルオーはこうして何万人もの人の心を同時に彫っていったのです。そして、その何万の人と同じ群の中にいるのです」と、書いてある。私は、この文章にも感激するの」

「ルオーもバッハも特別の人ではなかった。私たちと同じ普通の人であった。彼らが一生懸命に生き尽した結果、その作品には、何万もの人々の心が刻まれていたわけね。何万もの私たちの心が刻まれているから、私たちは音楽や絵に共感を抱ける。弧には普遍性があるわけね」

「私、中学の時に教科書で読んだ谷川徹三の『幸福について』の文章で、忘れられない言葉があるの。「徳を意味するところの幸福は、我々がそれを追求するところには得られないで、いつも結果として、褒賞として得られるものなのである」という文章。森さんのルオーの言及と、ちょっと似ているように思っているわ」

「バッハも、ルオーも最初からみんなに弧を架けることを目的としていたわけではない。しかし、自分自身を、とことん刻んでいった果てに、みんなの心に弧を架ける作品を生み出した。谷川徹三の言葉と同じだわね」

「森さんにとってのバッハの音楽は「**自分の一番深いところに向かって開かれていた一つの窓**」と、日記に記していた」

「その気持ちは分かるわ。バッハの音楽は森さんの魂の安らぎだったのね」

「森さんは、また「**オルガンに向かうと私の存在全体からよろこびが溢れて、別人のようになってしまうのである。……ただ、このよろこびを失いたくないばかりに、自分のつたない音楽を、今日もつづけている**」と、書いていたわ」

「バッハの演奏の中に、自分を表現できたのね」

「森さんは、音楽を聴いて「気持ちが良いとか、陰鬱《いんうつ》な感じ」とかでは、聴いているにはならないと、話していたわ」

「では、森さんの言う、音楽が本当に「解る」とは、どういうことなのかしら」

「あるパッセージを聴いて、ある時、突然、曲全体がすーっと見えるようになるのですって。リズムを支えている曲全体の骨組みに気付き、曲全体がはっきり解るのですって」

「そんな、ある時、突然に、解るものかしらね？」

「テンポとか主題の入り方などがある時、ひょいと表面に表れているのが解ると、隠れている部分まで解り、音楽全体のリズムや構成が透明になるそう。すると、曲の全体が命を持っていることが解り、自分に訴えてくる。どういう命によって生かされているかが解り、深い感動を引き起こす、と」

直美は真剣な眼差しで、蓉子の目を見ている。

「音楽が「解る」ようになるとは、こういう意味だろう、と森さんは語っていたわ」

「聴く者に、共感の弧が係ったのね」

「音楽が「解る」には、音楽を聴いたり、自分で弾いたり、楽譜を注意して読んだり、正しい人の指導を受けたりと、年月を掛けた研鑽《けんさん》が欠かせないみたい。楽譜通りに弾くのも、真面目に自分の問題にすると、非常に難しいと、森さんは語っていたわ」

「だから、森さんは、毎日、オルガンを弾き続けたのね」

「続けていると、毎年、新しい発見が起こるようよ。発見が無限に続いて、深まっていくと。森さんは、バッハの音楽は、汲《く》んでも、汲んでも尽きない豊かさを持っていると」

「無限の発見か。素晴らしいわね」直美は、にっこりしている。

「どういうところに注意して、どういう風に弾かねばならぬか、何十年も弾いているうちに、美しさが解ってくる。演奏者は、五年、十年と重ねて弾いていると、最後、自信のある演奏ができるようになるのだと」

「演奏者が、音楽をきちんと理解し、自身の納得した演奏をするには、ここでも、時間が大切なのね」

「自分の経験によって「解った」ことでないと、解ったにはならない、と森さんは話していたわ。音楽の演奏も人間の生き方そのものね」

「オルガンだけでなく、きっと、ものごと、なんでもそうだわね」

「森さんも、音楽だけではなく、研究でも仕事でも、向き合い方は皆、同じと、告げていた。森さんのオルガン演奏をCD（『思索の源泉としての音楽』）で聴いたけど、感動したわ」

「森さんのオルガンの演奏をCDで聴けたなんて、良かったわね。どんなオルガン曲なの？」

「バッハのコラール前奏曲。『汝の罪を嘆け』と『バビロンの流れのほとりにて』の二曲よ。コラールは、最初オルガニストがメロディーに基づく前奏として弾いていたのがオルガンの独奏曲の一つになったのですって」

「二曲とも、きっと森さんが特に好きなコラール前奏曲なのでしょうね」

「森さんは、バッハの一番いいのはオルガン曲と言っていたわ。森さんのオルガンへの向き合い方を知って、私も急に、ピアノを弾きたくなったの。三年前からレッスンを受けているのよ。五十年ぶりにピアノに触ったわ。五歳の時に、両親が買ってくれた襤褸《ぼろ》ピアノだけど」

「ちっとも知らなかった。何を練習しているの？」

「シューベルトの即興曲三番とピアノ・ソナタを弾いているの。森さんは、オルガンを弾く時、上の旋律と、下の手の伴奏部と、足はまた足でペダルと、三つの鍵盤を使うので、それぞれの出す音の種類が違い、音の音色が違う。三つの鍵盤同士の合唱というか、対話の難しさを語っていたわ」

「確かに、バッハのコラール前奏曲は、三つの鍵盤の調和で構成されているから、それぞれの部分も重要だけど、三つの鍵盤の関係も大事になるわね。バッハと言えば、バロック音楽の代表だわね」

「バッハはヘンデルと並んで、バロック音楽の中心にいるみたいなイメージで見られているわね。確かに、一六〇〇年から、バッハが死ぬ一七五〇年までの百五十年間の西洋音楽をバロック音楽と呼んでいるくらいですものね」

「私はオルガンと聞くと、すぐグレゴリオ聖歌の旋律を思い浮かべるわ。一つの声部からなり、単一の旋律がどこまでも続いていく。初期のグレゴリオ聖歌は単旋律だからモノフォニーね」

「多声音楽の始めは、グレゴリオ聖歌の一つに新たな旋律を与えて同時に歌う方式で、その後、九世紀頃からのグレゴリオ聖歌の旋律を基礎に、複数声部の水平的な運動を強調したオルガヌムなどの多様化に向かう」

「多声音楽の歴史の大元は中世のグレゴリオ聖歌なのね」

「そうね。十一世紀も進むと、グレゴリオ聖歌に載せて、新しい装飾的な旋律を歌うようになるの。複数声部がより独立した形を聞かせる技法を経て、音程の違う二つ以上の音を響かせる西欧型多声音楽に発展していく」

「ルネッサンス期に発展したポリフォニーの様式ね。複数の声部が旋律線の横の流れを強調しながら、対等な立場で絡み合っていく多声様式の音楽でしょ」

直美は思い出したように、胸の前で軽く両手を叩いた。

「グレゴリオ聖歌の最後の発展時期であった十二〜十三世紀は、ポリフォニー音楽の発展時期でもあった、と聞いた覚えがあるわ」

「ルネッサンス期のポリフォニーの音楽は、各声部が独立した旋律とリズムを持ちながら調和を保つ。けれど、複数のパートを同時に奏でるから、メインとなる旋律がよく分からない欠点があるの」

「なるほどね。これまで一度もポリフォニー様式の欠点なんて考える機会もなかったわ」直美は興味ありそうな表情をしている。

「主従の関係がなくて、メロディーと伴奏の区分けがはっきりしない。各声部が均等な力関係だから、音楽に強弱の対比も、起伏も生まれないし」

直美は一瞬、両目を釣り上げ、ポリフォニーの欠点を頭の中で想像しているような顔付きをした。蓉子は説明を続けた。

「そこで、バロック音楽は、ルネッサンス期に完成したポリフォニーのデメリットの反発から生まれるの。ハーモニーが縦の同時的な重音の効果を狙う、ホモフォニーの様式が主流になるの。旋律を柱のように和音が支えるから、縦のハーモニーが見えるようになるわ」

「ホモフォニーなら、私も知っているわ。一番上にメロディーがあって、その下に和音が連なる音楽。同時に複数の音が鳴りながらも、一声部のみが主旋律となる。メロディーの流れを重視するのね。旋律を際立たせるから、当時としては、さぞ、斬新だったでしょうね」

直美は少し得意げな表情をして、言葉を続けた。

「音楽に強弱も付くし、メロディーと伴奏が区切られるから聞き易いわね。主役の旋律がはっきりしているから、ポリフォニーとは正反対の音楽ね」

直美は楽しそうににっこりして、蓉子を見た。

「バッハと言えば、バロックのイメージが強いけれど、バッハが築き上げた技法は、実はバッハが生まれる二百年も前のルネッサンス期にすでに登場していた古い作曲技法だったそうよ」

「バッハは、どんな作曲技法が特徴なのかしら?」

「バロック時代までの作曲様式の主流をなしていた対位法。対位法って、主旋律に対して和音による伴奏付けは行わないの。主旋律とはまったく異なる新たな旋律を絡ませたり、結び付けたりして編曲する技法みたい」

「対位法って、今まで聞いた記憶がなかったわ」

「具体的な手法としては、カノンとかフーガかな。右手で弾いたテーマと同一ないし、類似のテーマが後から追いかけるように出てくるもの。ホモフォニーは同時に音が連なる垂直構造だけど、対位法では、メロディーがメロディーに次々と覆い被さってくる水平構造」

「ルネッサンス期のポリフォニック的な技法を用いたので、当時は、バッハの音楽のスタイルは、時代遅れとも言われたわけね」

「バッハは、バロック時代の象徴の煌びやかな宮廷文化とも遠く、当時花形のオペラは一つも作っていない。ドイツの片田舎で、宗教音楽やオルガン曲をたくさん作曲していたようよ」

「バロック音楽家らしくないわね。それでいて、なぜバッハはバロック音楽の代表のように言われるのかしら?」

「バッハは、プロテスタント教会のコラールを用いて、対位法やフーガと呼ばれる古い技法を進化させて、独自の教会音楽を築き上げたの。ルネッサンス期の対位法は主に合唱が中心だった。楽器が発展したバロック時代は、器楽曲に使われ、バッハはオルガン曲で集大成させた」

「では、バッハが対位法的な多声音楽様式を完成させ、オルガン演奏の形式も確立さたの？」

「ポリフォニーの手法を用いながら、新しいホモフォニックな音楽の到来に大きな影響を与えたと言われている。今日ではバッハは、バロック音楽の集大成をした人と、評価されているわ」

「解ったわ。バッハの偉大さが。バッハは古い技法を次のステップに持ち上げて芸術の高みに達した人。そうでしょ？」

「森さんも、言っていたわ。バッハのコラール前奏曲は、十六〜十七世紀のルター派の聖歌の音楽メロディーを使って、ソプラノのところで、ある時は中間部、あるいはバスのどこかにメロディーを入れている、と」

「ルター派の聖歌のメロディーって、私たちの知っている賛美歌のメロディーと同じみたいよ」

「讃美歌は、元はルター派の聖歌だったのね。知らなかった。バッハはプロテスタント教会の礼拝の中で、オルガン奏者として伴奏的機能から出発して、コラール前奏曲やフーガなどの即興演奏の技術を高度に発展させたの」

「バッハって、やはり、素晴らしいわ」

「作曲の書き方も色々な種類があり、工夫してあるのですって。小さなフーガのような作曲や、変奏曲、前奏曲風など」

「いわゆる、フーガ、ファンタジア、トッカータ、シャコンヌとかいうオルガン固有の形式かしらね」

「旋律を多彩に装飾して、複雑な流れで千差万別。それにも拘らず、どこかにはきちんと旋律を入れているから、曲全体が何であるかが分かる。そう森さんは語っていたわ」

「バッハは、イタリアのバロック音楽の流れを取り入れて、ポリフォニーの音楽を結実させた。同時に、バロック音楽の集大成となる作品をたくさん制作したのね。だからこそ、オルガンの三つの鍵盤の対話が重要になるのも納得するわ」

直美は、蓉子にいかにも嬉しそうに、言葉を弾ませた。

「伴奏部は、ハーモニーを合わせるだけでなく、主な旋律の曲線を、反映している。一定のリズムを維持する役目があるから、充実した音を弾くよう、伴奏部は大事だと森さんは話していたわ。実際にピアノを弾いてみると、森さんの話が実感される」

「ピアノで、伴奏部が大事と実感されるのは、どういう時に？」

「シューベルトは和声が特徴だから、伴奏の左手の指だけでも、緊張するわ」

直美は真剣な目つきで、蓉子の話に耳を傾けている。

「和音の一番下の音が二分音符や全音符でタイが付いている場合、左手の一本の指は音を押さえたままで、もう一本の指を次の音に渡すでしょ。その時、下の指の鍵盤を押さえている長さが重要になる。森さんが指摘したように音楽全体のテンポにも関係する、と実感したわ」

「あなたが、自分でピアノを弾いて、森さんの音楽論を納得できるなんて、それもまた凄いわね」

「左手の伴奏部の和音を弾く度《たび》に、楽譜に忠実に弾く、という森さんの訓示を体得するの。でも、左手の音に右手の音が上手く重なった時には、和音が心地よい響きになるの。その時シューベルトに少し近づけたかな、と嬉しくなるのよ」

「森さんのオルガンの話が、あなたのピアノにも生きているのね」

「昔は、ピアノは嫌いだったのに、今頃になって、ピアノが楽しいと思うようになって、不思議」

「ずいぶん、上手になったのではない？」

「まだまだ下手だけど、死ぬまでには、シューベルトのピアノ曲を一曲でもいいから、弾けるようになりたいと思って毎日、欠かさず弾くの。今ではピアノを弾くのが私の唯一の慰めとなっているわ」

「今度ぜひ聴かせてね」

二人は、向こう岸に繋がれた美しい帆船を眺めながら、リューベックの中心部に向かうバスの出ているPriwall（プリヴァル）のバス停のほうに、ゆっくりと歩いていった。

6

マリー・アントワネットはフランスのルイ十六世に嫁ぐ時に、フライブルクに一泊して、ストラスブールを通ってパリに向かったという。

蓉子たちも、ＩＣＥでリューベックから南下し、フライブルクで一泊する。翌朝、フライブルクを発ち、バーゼルで乗り換え、ストラスブールに向かう。

ストラスブールはドイツとの国境にある小さな町だ。ドーデーの『最後の授業』にも書かれているように、独仏の間で揺れ動いた町だ。駅から地上に出て、まっすぐ歩くと、すぐイル川の川岸に出る。

ストラスブールの町は、苦渋の歴史が嘘のように、白い壁に黒い木組みの建物が建ち並び、家々の窓辺に花々がセンスよく植えられている。天気が好いせいか、光の当たった川面に映る花々の影も美しい。歩を速めて大聖堂に向かう。

「大きい！　聞きしにまさる大きさだわ」

と、大聖堂を前に、直美がびっくりしている。町がこぢんまりしているだけに、大聖堂の大きさには圧倒される。蓉子も頭を上げて大聖堂の尖頭の先を仰ぎ見る。

フライブルク大聖堂側面

フライブルク大聖堂正面

フライブルクのシュヴァーベン門

フライブルク大聖堂内部

フライブルクのメインストリート

フライブルク水路沿いカフェ

高い。一一七六年から二百五十年を掛けて造られたという。レースのように繊細な彫刻で覆われた正面の壁をゲーテは「荘厳な神の木」と、絶賛したそうだ。

「森さんも、ストラスブールには何回か来ているのよ。一九五九年の大晦日に、ストラスブールのカテドラルの大時計の除夜の鐘の音を聞いたと、書いていてあったわ」

聖堂内に入ると、大時計に人々が集まっている。

「大時計の鐘の音を、聴いてみたいわね。十二時半まで待つ？　十二時半に鳴るようだから、まだ一時間半ほど先だけど」

十二時半に鳴った大時計の鐘の音を聴いた後、二人はすぐストラスブールの駅に戻る。ホームは人気がなく森閑としている。

ストラスブール駅のホームから、パリ行きの急行が動き出した時、都筑高明の昔の手紙に、ミュンヘンからライン川を下り、ストラスブールからパリに出るコースの案が書かれてあったのを、蓉子は思い出した。

一九七五年の夏に、パリ行きを決行していたら、今と同じようにストラスブールのホームから同じ列車に高明と二人で飛び乗ったのであろう。列車の先には、どんな未来が待っていたのだろう？　時は流れても、今、車窓から見える空だけは、四十一年前に仰いだかもしれない空と同じ空だ、と思った。四十一年の歳月が今、紺碧色の空の青さに凝縮して見える。

ストラスブール大聖堂

ストラスブールの通り

ストラスブールのイル川

ストラスブール最古の木組みの家

蓉子は、名残り惜しい気持ちで、後ろに後ずさっていく、ストラスブールのホームを小さくなるまで見送った。

リヨン駅に着くと、駅の構内は人混みでごった返していた。行き交う人々は無関心を装いながら、改札を足早に抜けて行く。目に入るパリは、四十二年前に見たパリの記憶と大きな変化はない。

「歴史と伝統のある建物が多いし、セーヌ川が流れているから、パリはあまり変わらないように思えるの。考えてみると、この四十二年の間には、湾岸戦争やイラク戦争、EUの統合も、リーマンショック、ソ連と東ドイツの崩壊もあったのね」と、直美も蓉子と同じに感じているようだ。

「四十二年は確実に経っているのに、昔、一度は来ているせいか、とても懐かしい場所に戻ってきたような気がするわ」

「私は、そこまでは思わないけどね。あなたって不思議」と、直美は笑っていた。

蓉子は、自分はパリをほとんど知らないくせに、今、知り尽くしているような気分になるのは、なぜだろう？　と自問する。森有正の本を読み過ぎたせいかな？　と、思う。二年間に亘ってパリを綴ってくれた高明の手紙も影響しているのかもしれない。

パリが余所者《よそもの》の街とは思えない。蓉子の心にも身体にも、空の青さと共にパリがすっぽり溶

マドレーヌ寺院

エトワール凱旋門

エトワール凱旋門全容

パリのパサージュ

マカロンで有名なラ・デュレ

パリのオペラ座

カルーゼル凱旋門

サン・ドニ大聖堂

サン・ピエール教会

け込んでしまっているような、不思議な感覚を覚える。

　蓉子は、翌日は直美と別行動で、サン・ラザール駅からメトロ一三号線に乗り換えて、パリ北郊、バジリク駅近くのサン・ドニ大聖堂を訪れる。今日一日、森の本に出ていた教会を散策するためだ。治安が悪い地域と聞いてきたので、駅を降りると、歩を速めて歩く。

　このサン・ドニ大聖堂は、五世紀に創建された、フランス王家ゆかりの教会堂で、歴代フランス君主の埋葬地となっていた。フランス革命の際に、遺骸のほとんどが持ち去られたが、今も、地下には、ルイ十六世と、マリー・アントワネットの墓がある、という。

　森は、このバジリカを見て、「何度も来ていたのに、どうしてこの美しさに気がつかなかったのか。……僕はこれまで、このヴィトローの金色に縁どられた深い青の美しさに気がつかなかったことに気がついた。一つのものの本質を知るのが、どんなに忍耐と時間とを要することかをしみじみと思った」と、時

モンパルナスのカフェ　ロトンド

ノートル・ダム・デ・シャン教会

の経過の意義を語っている。

帰りは、サン・ラザール駅で、メトロ一二号線に乗り換えて、モンマルトルのサン・ピエール教会と、モンパルナスのノートル・ダム・デ・シャン教会に立ち寄った。そこから、また、メトロ六号線でナショナル駅に向かう。地下鉄の乗り換えもすっかり慣れてきた。

森は、「**この辺でもう一つ美しいと思ったのは、メトロのナショナルとノートル・ダム・ド・ラ・ガール教会とを結ぶジァンヌ・ダルク街の風景だ。殊にナショナルの方角から行くと、大きく垂直に長い窓をもつ大きい工場の建物が左側に並び、遥か前方の坂の上に擬古ロマネスクの教会の塔が立っているのが見える**」と記している。

蓉子は、この森の描写を彷彿とさせる道を、ラ・ガール教会に向けて、自分も今、闊歩していることに、妙な感動を覚えた。

「ノートル・ダム・ド・ラ・ガール教会は、他にもたとえばモンパルナスのノートル・ダム・デ・シャン教会や……サン・

サント・シャペル教会

ノートル・ダム・ド・ラ・ガール教会

ピエール教会のように、十九世紀の擬古ロマン様式の教会である。その非芸術的なところが、かえって庶民街の雰囲気とよく合致していて、……この少し暗い、パリの庶民的美しさは、実はパリの美しさの大部分なのである。それは働いているパリ、パリを支えている本当のパリ、そこには本当に硬質のものが、鋭く表されている」と、森は、これらの教会が醸し出す街並みから暗示される、パリの本質的な部分にまで言及している。

メトロで、パリ一区の中心部に戻り、シャトレ駅から、セーヌ川右岸を歩き出す。見慣れたパリの中心部のせいか、この辺りに来ると、蓉子は、ほっとした気分になる。

まずは、シテ島のサント・シャペルに立ち寄る。ルイ九世が一二四五年に建立した、ゴシック建築の礼拝堂で、おそらくゴシック建築が最も輝かしかった時期の頂点とも言える傑作である。現在は、パレ・ド・ジュスティスの一部になっている。

ちょうど、階段を上がった正面から光が差し込んで、神秘的な輝きに包まれたステンドグラスの赤や青が目に飛び込んでくる。

ステンドグラスには、聖書の中の百十三の場面が描かれているという。

森は、サント・シャペルの魂的な光に感動しながら、ここに至る建築様式の変化は、人間の感覚そのものの変化に基づいていると、考察する。

「サント・シャペルの中には、そのほの暗いヴィトローの輝きの中には、自然から出たものの中に露れる永遠の啓示があった。その無量な限りなく豊かな光は、自然の生の光ではなく、魂のそれだけ豊かな色調であった。……バジリカ様式、ビザンツ様式、ロマン様式をへて、ゴチックに至るまでには、人間と自然とのおもむろな変化があった。それはでたらめの変化ではない。また人間が意図した変化でもない。人間の感覚そのものの変化に基づいて、人間の営みそのものがそこまで押しすすめられた不可避的な変化であった」

森は、さらに、シャルトルの『ノートル・ダム・ド・ラ・ベル・ヴェリエール』やル・マンの『昇天』の絵を見た時の、自身の「経験思想」の中核をなす、「言葉に定義する（名を付ける）」の意味について、語っている。

「それは定義の主体を絵そのものの中に持つ芸術である。……そこには見る主観から独立した空間が構成されている。青や赤や黄の人物は、一人一人「名」をもっている」

その後、ポン・ヌフを抜けて、サン・ジェルマン・オクセロワ教会に向かって歩を進める。

森は、ノートル・ダムの塔の上から撮影した写真の絵葉書で、この辺りの情景を見て、パリ市民の生活にも想いを馳せている。蓉子も、森の言葉を跡付けながら道を急ぐ。

「手前には、パレ・ド・ジュスティスの四角い建物、流れの右手にはサン・ジェルマン・オクセロワの教会の塔、ルーヴルの強硬な大建築、左手にはアンスティテュの丸屋根が一際高く、左岸のアパートの群が密集して並んでいる。……無数に見えるアパートの中には民衆の生活がある。セーヌの河岸には人が釣りをしているだろう。明るい日影が石の全景を柔らかく包んでいる」

サン・ジェルマン・オクセロワ教会

荘厳なルーヴルの柱廊の正面に立つと、十二世紀から十五世紀にかけて建設された、趣のあるオクセロワ教会が聳え立つ。ルネッサンス様式の門に、ロマネスク様式の鐘。パリの中心部に見られる、宗教建築の見事な姿に、思わず、吸い込まれそうになる。

再び、シャトレ駅のほうに戻り、サン・ジャックの塔を右に見て、パリ市庁舎の手前を左に折れる。ポンピドゥー芸術文化センターの前に立ち、噴水を眺めると、その向こうに、美しい教会が見えた。

教会はサン・メリー教会で、八世紀に没した「聖メリ」の名

サン・テティエンヌ・デュ・モン教会

サン・メリー教会

に由来し、サン・サーンスがオルガニストを務めていた、と伝わる。

次に蓉子は、サン・テティエンヌ・デュ・モン教会に向かうため、メトロ一〇号線に乗り換え、カルディナル・ルモワーヌ駅で降りる。

パリ五区のカルチェ・ラタンの中心で、サント・ジュヌヴィエーヴ丘の上、パンテオンのすぐ傍《そば》に、教会はあった。ゴシック建築と、ルネサンス様式が融合された、建物の精緻さに魅了される。

「エコール・ポリテクニック街から、サン・テティエンヌ・デュ・モン教会の方に上がってゆくと、灰色の空の下に、崩れ落ちそうになった古い石造の家並みのはずれに、マッシーブな教会の前身が、そのフランボワイアンとルネサンスとをつきまぜた複雑な姿をあらわしている。パリにいることを何ともいえないほど幸福に感ずるのはこういう時だ。……僕の心をひいたのは、そしておそらく他の多くの人々の心を引い

サン・ジュリアン教会

セーヌ川

たのは、その外形にはなかったのだ。……僕は様式というものの深い意味を考え、それが精神とはなすことのできない関係にあるのを今さらのように思った。僕は今、自分の心が、教会の外形をつきぬけて、その様式を生み出している内部の精神に静かに近づいてゆくのを感ずる」と、森はここでも、建物に内在する精神の美について、触れている。のみならず、「八年間の流れが、僕をこの静かな石の町に似たものに少しずつ変化したようである」と、自分自身の変化をも顧みている。

その後、パリ五区のサン・ジュリアン教会、サン・セヴェラン教会、六区のサン・ジェルマン・デ・プレ教会を訪ねるため、セーヌ川の左岸の遊歩道を、蓉子は一人で歩く。

八月も末なのに、パリの人々はヴァカンスで留守なのか、人影は疎らだ。こんな爽やかな道があるのか、と嬉しくなる。心がスキップするかのように、テンポを速めて歩いた。車も時折ちらほら通るだけだ。脇に見るセーヌ川はゆったりと、穏やかに流れる。

サン・セヴェラン教会

サン・ジュリアン教会は、ノートル・ダム大聖堂の対岸の散歩道からすぐの所にある。近くに、サン・ジャック通りの交差点がある。旅人や旅芸人の守護聖人に捧げられた教会だそうだ。木立の中の教会は、教会？　と思えるくらい小さな石造りの素朴な建物である。

森は「**サン・ジュリアン教会は、木立の中に、深く融けこんで殆ど見分けることもできなかった**」と記している。

川向こうに、ノートル・ダム大聖堂が見えた。だが、蓉子はノートル・ダム寺院には敢えて近寄らない。あの日の感動をそのまま取っておきたかった。あの一瞬だけを握り締めていたいと思った。

森も言っていた。「**僕の知ったことは、美しいもの、美しいことは、その人にとって、いつもはじめに来る**」と胸の中で言い聞かせる。あらゆる甘さも感傷も払いのけて、パリにいたかった。

後ろを振り向かずに、走り去るように、サン・ミッシェルの裏手にある、サン・セヴェラン教会に向かう。

サン・セヴェラン教会は十三世紀にゴシック様式で建てられ、百年戦争で、ダメージを受け、その後に再建された。サン・ジュリアン教会から直接来たせいか、サン・セヴェラン教会は、レースのように繊細で、立派に見えた。お店の多い地区に溶け込んでいる。

森は「**サン・セヴェラン教会の外陣のところを通ったら、内部の淡い光で、ヴィトローの聖女の姿が暗く輝いていた。……その白いヴィトローを見上げる時に、僕の感ずるのは、もうそれら自体ではなく、それらに映ずる僕の内面の凝縮度だ**」と、教会の姿に感動するのは、教会自体ではなく、自身の内面の凝縮度に拠ると、自分自身を見詰めている。

サン・ジェルマン・デ・プレ教会

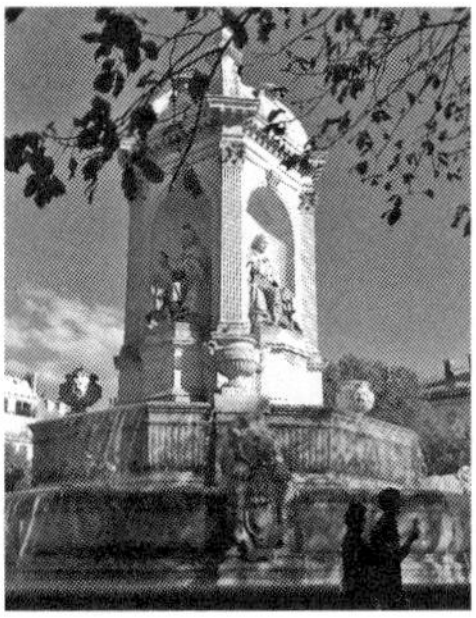

サン・ジェルマン・デ・プレ教会付近

その後、サン・ジェルマン・デ・プレ教会へと急ぐ。正面の大きな門は開かれていて、中にすぐ入れる。

サン・ジェルマン・デ・プレ教会は、起源は六世紀に遡り、パリ最古と言われるロマネスク様式の教会だ。革命時にかなりの部分を焼失したが、十九世紀に改修された。日が傾いた夕焼け空にまっすぐ伸びた塔の姿は実に美しい。

四十二年前に、サン・ジェルマン大通りのカフェでお茶を

ホテル・ヴィラ・マダムの表札

ドラクロワ記念館入口

した時には、この教会の美しさには気付かなかった。

あの時は緊張していて、回りを見る余裕もなかった。こんなに素敵な建物を町の中心で常に見られるパリの市民を羨ましく思う。森の本にも、サン・ジェルマン・デ・プレ教会の美しさに触れている。

「これまでの塔の量感、特にその四角い巨大な柱のような姿の醸し出す厳しさ、積み上げられた切り石の肌の年月に洗われた粗い美しさ、頂上の彫りの深い穹窿の和やかな繊細さ、こういう様々な感覚が、それぞれ異なった感覚が、それぞれ異なった時期に、ある一定の期間、僕を捉えた。しかし、今度、忽然として全体の総合的な美しさに目が開かれたように思う」

蓉子は、できるなら、この場所にこのまま、いつまでもいたい思いに駆られた。パリはやはり美しい町だと改めて思う。暮れなずむ道を歩いて、サン・シュルピスの大通りを一本入ったホテルのVilla Madame（ヴィラ・マダム）に帰った。直美はもう部屋に戻っていた。

「オルセー美術館とルーヴル美術館の両方に行けたのよ。もう感激しちゃったわ。モナリザがやはり一番良かった。モナリザは四十二年前に来た時も、あなたと見たわね」

「あなたは絵が好きだから、美術館で好きな絵をたくさん見られて、良かったわね。私も、森さんが描写している教会巡りができて嬉しかったわ。パリの教会は、街と溶け合って、より美しく見えるのね」

「前と違ったと思ったのは、ルーヴル美術館の前のナポレオン広場に、ガラス張りのルーヴル・ピラミッドが新しく建っていたわ。びっくりしちゃった」

夕食後、直美が蓉子に尋ねる。

「また、一つ教えて欲しいのだけど、森さんは、定義という言葉をよく使っているでしょ。あなたが見せてくださった本の中のバッハの音楽の解説でも、伝統的な言葉を定義したとか。定義の意味が今一つ、分からないわ。森さんの使う定義ってどういう意味？」

「定義は、感覚や、言葉、経験と並んで、森さんの真骨頂とも言える「経験」の思索を語る言葉の一つなのよ」

直美は、訳が分からない様子である。

ホテル・ヴィラ・マダムのエントランス

「森さんの「経験」の思索は、パリでの生活の中から、森さんが考えに考えを重ねて、至った思索。森さんの経験の深まりから「経験思想」が確立されたの。経験だけが人間が人間になる条件、と、森さんは告げている」

「「経験思想」って、一言《ひとこと》で表現すると、どんな内容なの？」

「森さんが、一九七〇年の青山学院での講演で「経験について」を簡明に語っているの」

蓉子はバッグから『思索と経験をめぐって』を取り出した。

「私どもは必ず内側の促しを持っている。それに応じて私どもには経験というものが啓示されてくる。それに名前をつけるために言葉というものが出て来る。さらにその言葉自体が一つの体系を成してくるとそこに思想が生れてくる。思想となった時に初めて、私どもが自分の内側に促しとしてもっていたものが、だれもがそれに参与することができるものになるということです。自分だけが持っていたものが、だれもがそれに参与することのできる思想というものになる。これが私は人間の一生というもので、彫刻家であろうと芸術家であろうと、あるいは商人であろうと、なんであろうと究極の人生で生きる意味はそれしかない。自分が自分の内側の促しとして、自分が一番心の底で思っているあるものが、私どもの経験の中核となる。その経験というものは、さらに言葉を呼ぶ。その言葉というものはさらに組織されて、一つの思想となる。その時思想は本当に私の思想となる」

「「内側の促し」が、そもそも理解できないわ。どういう意味かしら？」

「森さんは、「経験」を語る時、度々「内からの促し」という言葉を使うのよ。森さんの思想にとって、「内からの促し」は、大切な要素なの」

「森さんは哲学者だから、森さんの言葉を素人がすっと理解するのは、なかなか難しいわ」

「一人の人間が真の意味で、「その人になる」との主張は、「内からの促し」に忠実に生きる意味。森さんは講演で、「内なる促し」についても、語っている」

「私どもの中に経験の結晶が生れる以前に内的促しというものが起きる。内的促しというのは何かと言うと、このままじっとしていてはいけない、なにかしなければいけないということです。何をしていいか分からないのだけれども、自分は結局こういうことをしてみたい。始めはただ非常に抽象的に考えているわけです。色々な選択の可能性がある。それがある段階から、つまり経験の結晶が始まった瞬間からその人の道が決まってくるわけです」

「私には、これを読んでも、難しくて、すぐには解らないなぁ」

蓉子は『バビロンの流れのほとりにて』をテーブルの上に置いて、急いで頁を捲る。

「私たちが今回の旅で見てきた自然や建物や絵や彫刻を、私たちより何十年も前に、森さんは見て、直接触れて、感動した。森さんのものとの接触についての考えを、『城門のかたわらにて』で、次のように書いているわ」

「現実が自己を開放してくれる場所において、ものと触れ、そこから思想に深まっていかなければならぬ。僕はやっと自己を包み囲むものに気がついて、それの中に、それと共に在り始めたと思う」

「森さんの「経験」の思索では、ものと触れたら、単に触れるだけではなく、そこから思想にまで深まっていかなければならない、というところがポイントなの」

「僕には「自分というものが在る」と呼ぶだけでは不十分だからだ。誰でも声と言葉が出せる人なら同じことを言うことができるからである。僕はそれを一つの思想と文字という客観的なものに、結晶させなければならない」

「ものに触れて、思想や文字という客観的なものにするって、どういうことかしら?」

「私も、最初は解らなかった。でも、二年前に、森さんの訳したアランの『定義集』を読み直したの。森さんはアランの研究者でもあるのよ。その時、森さんの「経験」についての辻邦生さんの解説を読んで、急に解った思いがしたの」

「あなたが辻さんの解説から理解できたことを教えて?」

「例えば、バロック音楽とかゴシック様式という言葉を知識として知っていたとしても、建築を見た体験がなく、教会で演奏される音楽も知らない。建物や広場、人々の生活様式も知らない。これが森さんの言う「名」だけの知識」

「私も、今回の旅で実際に見るまでは、ロマネスク様式やゴシック様式の建築の内容については何も知らなかったわ」

「でも、実際にノートル・ダム寺院やケルンのカテドラルを見ると、バロックのゴシック建築がどういうものか、解る」

「同じゴシックの建築でも、ノートル・ダムの石造りと、ケルンのカテドラルの赤煉瓦造りとの違いを見て、建物自体の構造美や内面の美しさの違いまで分かると、その時代に生きていた人々の感性や生活様式の違いまで、想像が広がるわね」

「そこが大事なのよ」

「大事というだけでなく、この目で本当のものに触れると、わくわくしたわ」直美の目がころなしか輝いて見える。

「ヨーロッパで、ノートル・ダム寺院やケルンのカテドラルを見る。バッハやヘンデルの音楽を聴く。石畳の道を歩く。具体的な場で、今回の旅のように、本物と触れて、今までと違った経験、感覚的知識としてゴシックやバロックが身体の中に滲み込んでくるでしょう?」

「こちらに来て、色々な建物を見て、ゴシック建築が実感として分かり、教会でバッハの演奏を直に聴いたら、バロック音楽が身体の中に入ってくる感じがしたわ。思いを巡らし、新たな想像も生まれたわ」

「そこに、私たちの経験の変容が起こるわけ。こうして自分が知った内容がゴシックだ、バロックだ、と自ずと名付けられるようになり、内容が名前（言葉）と一つになる。その時に初めて、森さんのいう言葉が定義されたのだと、理解したの」

蓉子は思い出したように、『バビロンの流れのほとりにて』を手に取って、「森さん自身がシャルトルや、ル・マンの絵を見た時に解説していたわ」と、頁を捲った。

「ここで言う「名をもっている」ということは、卑俗的な意味におけるキリストやマリアやペトロ、ということではない。絵そのものが一つの名に凝集している。それはそこにその一つ一つの絵に固有の空間が、凝集した時間に、結晶していることを示している。……作品が独立して、自分を主張し、定義し、宣言しているということだ。だから主題が人物でなくても、自然でも静物でも、何でも構わない。その名は、常識的な意味での名の消えたあとで、その作品の凝集した持続そのものがもつ「名」である」

「森さんの言う「名」とは、単なる知識としての「名前」ではないの。経験の深まりによって、熟成、堆積し、作品の中に固有の独立した主体が構成されている。流れていかないもの。森さんの言う経験の変容ね。その時、いわゆる常識的な「**名が消え、新しい名である定義がそれに代わった**」と、森さんは考えている」

「定義とか、経験の変容とか、突然聞いても、凡人にはなかなか意味が分からないわね。普段そんなこと全く考えていないから」

直美は肩をすくめてクシュっと笑った。

「経験の変容とは、森さんが「**経験は内面に参与するものである。もしくは内面が経過した跡であり、しかも内面の成長につれて、その意味が限りなく豊かになるものである**」と、言っているように、「内面に参与」することだと思う」

「あなたの説明を聞くと、解る気がする」

「実際にものに触れて、受けた感動がその人の内面にまで入り込み、「思想」にまで深められるものが、森さんの言う、「経験」なのだと思う」

「経験の意味が解ってきたわ。だけど、森さんの語る経験って、普段私たちが使う体験と、意味は同じなの？　どこか違うの？」

「森さんは、経験と体験を分けている。人間は皆、経験を持っているわけだけど、「**ある人にとって、その経験の一部分が、特に貴重なものとして固定し、その後のその人の行動を支配するようになってくる。すなわち経験の中のあるものが過去的なものになったままで、現在に働きかける**」時、体験と呼んでいる」

「体験の意味なら、私にも理解できるわ」

「つまり、「**過去のある一つの特定の時点に凝固したようになってしまうこと**（『生きることと考えること』）」を意味するようよ」

「私たちは森さんの言う体験を、普段、経験という言葉で使っている気がするけどね」

「森さんは、経験については、「**経験の内容が、絶えず新しいものによってこわされて、新しいものとして成立し直していくのが経験**」と呼んでいる。「**経験ということは、根本的に、未来へ向かって人間の存在が動いていく**」ことだと、解説しているわ」

「解った。森さんの言う経験は、未来に対して、常に変容が起こる質なのね。私も、こちらに来て実際に絵や建物を見て、経験が変容したから、森さんの経験の意味が理解できるわ」

「森さんは、「経験」の中心に、感覚を据えている。経験は感覚と切り離せない。まず、森さんの思索の出発点は「感覚」なの。森さんの言う「感覚」は、単に「気持ちが良い」とか、「陰鬱な感じ」とかいう感覚とは違うのですって」

「では、どういう感覚なの？」

「規制の観念に惑わされるものではなく、自由で独立した、自分だけに直接入ってくる感覚。森さんは「**観念を通すことなく、自分の感覚に直接入ってくる事象をそのまま受け止め**」ると、言っている。だから、最初からあるものではないの」

「**頭で考えるのではなく、感ずる。内部のあることが感ぜられてくる、ということ、これは**

そう手っとり早く起ってくるものではない。……感ぜられてくるということは、対象がそのあらゆる外面的、したがって偶然的なものが剥奪され、内面に向かって透明になってくることであり、それは対象が対象そのものに還ることだ、と言い換えてもよいであろう。……そしてこれが経験の第一歩なのである」

「森さんがバッハの音楽が、練習を重ねていくと、ある時、突然、音楽の全体が理解できてきて、自分に感動を引き起こす、と話していたのと、同じみたいね。バッハの音楽を聴くのも、経験ですものね」

「よく覚えていてくださったわね。嬉しいわ。そう、バッハの音楽を聴くのも、同じよ、森さんのいう経験の一つ」

「それでも、経験も個人の特殊な経験、感覚も個人のものだから、主観的なものに過ぎないのでは？　と私には思えるけど」

「内的な促しによって、感覚が研ぎ澄まされ、次第に深化されていく。目覚めた感覚が、時間と忍耐を掛けて、内面をじっくり見極める。そうした自分の歩を積み重ねていくと、私個人の経験でありながら、私を越えた客観的な経験になっていく」

「でも、どうやって客観的なものにできるのかしら？」

「そこで、言葉の定義が重要な役割を持つの。主観的な感覚で入ってきた経験に対し、森さんは「**そこから出発しておのずから一つの言葉に達する道を探求しなければならなかった**」と語っていたわ」

「主観的な感覚から入ってきた経験に、言葉に達する道を探すって、どういうことかしら？」

「個人の感覚を内面の熟考を通して、深く掘り下げ、洗練された言葉に表す。言葉にすれば、他者とも共有できるわ。個人的な知識を共有知識へ転換する役割を言葉が担うのね」

「個人の個別な主観的な出来事、そうした経験に対し、共通した言葉を与えることで、個人の経験が普遍的なものに開かれていくわけね」

「偶発的な個々の経験が言葉により、簡潔、明晰になり、客観的な経験へと洗練されていくわけだから、普遍的になるのだわ。辻さんが、そこら辺も理解し易く書いていたわ」

「**言葉というものは、単に名（訳語）を当てはめたものではない。本当にものと接触して、本当のものの中から生まれてくる自分の中の様々な思いを深めていく経験によって、自分の中に経験的な変化が生れてくる。そういった経験の変容によって、一つ一つの「名」が与えられるようになる**」

「辻さんのこの文章を読んで、一つ一つの「名」が与えられるようになることが、森さんの言葉を定義する意味だと、解ったの」

「私にも解るわ。私たちがゴシックの建築を実際に見たから、その建物をゴシック様式と名付けられるようになるのと、同じね。その時、私が使うゴシックは、他者とも共有できるゴシックになる」

「本当のものとの接触は、まず大事ね。次に、既存の概念などには囚われない自分の感覚で捉えた内面の響きをそのまま受け止める。次は、その響きを内面で深めていく。深めていくには、時間の経過が必要となる。森さんは何度も時間の経過の必要を説いていた」

「バッハを始めとした芸術作品に対しても、流れていくものと反対に、そこに堆積し、醗酵し、結晶するまでの時間の経過を、森さんは言及していたわね」

「ノートル・ダム大聖堂にも、森さんは、長い成熟の期間を経て、時を内に含んだ有機的な構造美を見ていたわ。森さんにとり、時間とは、内面的経験が積み重なってゆくこと。シャルトルの絵もそうね」

「時間は成熟には大切な要素なのね」

「森さんは、経験は内面に参与し、「**内面の成長につれて、その意味が限りなく豊かになるものである**」と言っていたでしょ。長い時間を掛けて、経験が成熟することで、自分の中に経験的な変化が生まれる。その経験の変容は言葉を定義する上で、とても重要になると思うわ」

「経験と定義については、大分解るようになったわ。言葉は、個人の経験によって深まった思想に定まった形を与える。形を与えるとは、名付ける作業、すなわち言葉にする行為が、定義する意味ね」

「辻さんは「言葉は各人にとって掛け替えのない経験を表現するものである」と言っていた。これを読んだ時、森さんの「経験」と「定義」の本質が理解できた気がした」

「私たち普段、何も考えずに言葉を使っているけど、よく考えると、言葉って、個人の経験が基礎になって、発しているのだわ。私にも、辻さんの話、よく理解できるわ」

「実は、二年前も言葉を定義する行為の意味を、ひしと感じる機会があったの。その時、辻さんの言葉を思い出して、アランの『定義集』を読み直した。そうしたら、辻さんの解説が目から鱗。森さんの言う言葉を定義することの大切さがすーっと入ってきたわ」

「二年前に、どういう出来事があったの？」

「ブラジルに転勤していた方から、ブラジルのポルトガル語の「サウダージ」という言葉の意味を教わったの。日本語の辞書では、サウダージというと「未練」「懐旧の情」「愛惜」「郷愁」「孤愁」「ノスタルジー」などだけど」

「「サウダージ」って、聞いた覚えはあるけど、意味は知らなかった」

「日本語でもずばり相当する言葉はなく、様々な想いを根底に秘めた深い意味を持つ独特の言語ですって」

「「サウダージ」には、どんな意味があるの？」

「たとえば、異郷にいる家族や故郷を思い浮かべた時の懐かしい思いも「サウダージ」であり、愛しい恋人、この世を去った両親、あるいは再び帰ることのない少年時代に寄せる思いも「サウダージ」ですって」

「一つの言葉にも色々な意味があるのね」

「その方は、ブラジル人との生活の中での体得で、言葉の意味が染み付いたと言っていた」

「本当のものとの接触で、その方の様々な想いを深めていく経験がその方の使う「サウダージ」という言葉には表現されているのでしょうね」

「人の心の悲しみを一色では表せないのも、人それぞれ思い出す対象や経験によって異ならざるを得ない。だから、自分が経験していない他者の悲しみを本当の意味で理解するのは難しいわね」

「人間は自分が実際に経験していないと、他人の本当の気持ちまでは分からないものよね」

「それだからこそ、各人の内面的な経験が大事になると思うの。前に社会学者の鶴見和子さんが、他者の体験を自分の生に繋げて理解しないと心は繋がらない、と記していたけど、自分の生とは、すなわち内面的な経験の蓄積でしょ」

「確かに、そう言われてみれば、自分の人生って、結局は、自分自身の内面における経験の積み重ねとも言えるわね」

「他者と心を繋ぐには、「各人にとって掛け替えのない経験を表現する」言葉を使うことで、共感が生れると思った」

「だからこそ、蓄積した経験をより深めて、他者にも通じるような共通の言葉、普遍性のある言葉に定義する必要があるわけね」

「「サウダージ」には色々な意味があると知った時、森さんの定義の意義が具体的に解った気がしたの」

「掛け替えのない経験から、自然や建物や生活などの本当の内容を体得できたら、自ずと、言葉と内容が一致してくるのでしょうね」

「ある人が自分の経験から、「サウダージ」の意味を体得していて、幾つかの言葉の中から一つ「サウダージ」を選んで表現する。相手は「サウダージ」を聞けたために、一瞬にして、自分の心を理解してもらえたように思う」

直美は、怪訝そうな顔付きで、蓉子の話を聞いている。

「この場面においては、「サウダージ」以外の言葉では、相手の心の痛いところにまでは届かない。とすれば、「サウダージ」の言葉を介して、二人の人間の心が繋がる」

「サウダージの深い意味を互いに分かっても、二人の経験の種類が異なっていたら、真の理解は難しいのではないかしら？」

「二人の経験の種類は、それぞれ異なっていても、各自の経験に対する思いは繋がるわけだから、「サウダージ」という言葉に定義する行為は、重要になると思う。森さんも書いていたわ」

「**経験は内面に参与するものである。……しかし内面そのものではない。だから経験を全く異にする人の間でも会話が可能になるものであり、作品の普遍性が出てくるのである**」

直美は納得の表情になり、テーブルのコーヒーカップを口に運んだ。

「森さんは、「**頭でえらい人の思想が判る、その人生観や世界観がどうのこうのということではなしに『言葉』を扱い、処理する。その具体的な仕方が問題になるのです**」と、言っていた。結局、「**個が普遍的な伝統に参与するためには、常に言葉による「定義」という形をとらなければならない**」と考えるの」

「バッハのところでも、森さんは「伝統的な言葉」って使っていたわね。伝統は、人間が過去から持っている本質的な感情。歓喜や悲哀、憐憫、憤怒などの感情の意味でしょ」

「森さんの思索の目指すところは、特殊なものから普遍性のあるものにする。そこには、どうしても、客観性を持つ言葉を定義する必要があるのよ」

「なるほどね」直美は、何度か頷いた。

「そう、森さんがシャルトルの絵を見た時に語っていた通りと思う。いわゆる常識的に当て嵌めただけの「**名が消え、新しい名である定義がそれに代わった**」とね。本当のものに接して、内面における時間の経過を経て、その作品に凝集した持続そのものが持つ「名」ね」

「言葉を定義するって、何も新しい造語を生み出すわけではないのよね。言葉そのものは伝統から出ない。私たちが太古から持っている感情をみんなと共有できるように、掛け替えのない経験から生み出された適確な言葉を使って、表現することなのね」

「そう、新しい名と言っても、造語を作るわけではないの。作品に結晶した持続そのものの名を付ける作業が、森さんの言う言葉を定義するという意味だと思う」

直美は、やっと理解できたとでも言いたそうな、満足げな顔付きだ。

「森さんの翻訳にも、この普遍性を追求した態度が見られるわ。森さんは、『バビロンの流れのほとりにて』は最初フランス語で書いて、途中で日本語になるのだけど、日記は全てフランス語で書くの。芥川の作品も、日本語で読むのだけどフランス語で訳すの」

「小林秀雄なんかはすべて、日本語に訳しているわよね」

「フランス語の翻訳にも、言葉を単に道具として捉えたのではない、森さんが伺えるわ。森さんの「経験」の思索が反映されていると思ったわ」

「森さんはずいぶんフランス語に拘ったわね」

「外国語に翻訳する作業って、さっきの「サウダージ」と同じで、たくさん訳語のある語彙から、たった一つだけの言葉を選ぶわけでしょ。言葉は経験を表現するものだから、フランスの人々の人間関係や生活、ものの見方を反映したもの」

「日本語の「静かな」という意味でも、英語では「silent」「calm」「quiet」などの語彙が幾つもあるから、翻訳する時には考えて言葉を選ばないとニュアンスが異なるわね」

「要はフランスの人々の内面的経験までを汲み取らないと、定義できないわ」

「正しく翻訳するには、フランス人の生活や文化、習慣、のみならず、内面的経験まで、広く深い理解がないと、なかなか難しいわね」

「森さんがフランス語に拘った理由も、フランスの社会にいる以上、フランス人の内面を汲み取り、フランス語で書く使命を感じていたと思うの。森さんのフランス語も、時間と共に精通していく。森さんの経験の深まりで、内容が言葉と一つになっていく」

「言葉の問題にしても、それが構造的に明るくなってきたようである。それを例にとって言えば、あるフレーズが日本語に訳さなくても判る、ということである。この言葉の圏と事物の圏が一つになってくる時、パリないしフランスが僕の感覚に直接映り出してきた、と言えるのだと思う。このことは、外人がヨーロッパ文明を判ることがどんなに困難か、ということをしみじみと考えさせる」

「森さんがフランス語で翻訳した作品には、言葉の面でも、特殊なものから普遍を構築しようとした、地道な足跡があるわけね」

「森さんのお弟子の二宮正之さんが『私の中のシャルトル』に、森さんのフランス語の翻訳について、**「フランス社会を自己の内に浸透させ、自己をフランス社会の基本構造を通して表現するよう努めた」**と記していたわ」

「事物と言葉を一つにする。日本から多くの知識人が海外に出ても、そこまでする人は、その当時には、いなかったのでしょうね」

「森さんがフランス語で翻訳したのは、日本のためでもあったと思う」

「どうして日本のためなの？　もう少し詳しく教えて頂かないと、分からないわ」

「日本が西欧文明と交わる時、西欧文明の良いとこ取りでは駄目でしょ。ある意味、特殊な島国の日本が、普遍性のある自立した国として世界と交わるには、内面が交わらないとだめ」

「確かに、そうだわ」

直美も蓉子の言葉に同調したような声を発した。

「だから、森さんは西欧文明の中に身を置いて、西欧文明の内面をじっくりと見据えて、真理に近づこうとした。それを忍耐強く、持続的に言葉で表現したのね」

「森さんは、言語の面でも、特殊から普遍へという日本が抱える課題を体現した稀な人だったかも」

「私も、森さんの素晴らしさは、そこにあると思うの」

「フランス社会の中に自ら生活し、直にヨーロッパの文明やフランスの人々の内面を汲み取る。その経験から発信される森さんの言葉は、強く確かな響きを持って、日本にも伝わったでしょうね」

「森さんの「経験思想」での定義は、言葉にだけ言及するのではなく、バッハの音楽を始めとした芸術作品、その他、すべての人間が人間として、自分自身の人生を生き抜いた時に、その人自身は定義される、という広がりを持つの。森さんの二つの文章を見せるわ」

「人間は誰しも生きることを通して、自分の中に「経験」が形成されていく。……人間が過去から受けついだ歴史的なもの、それが自己の働きと仕事によって、自分自身のものとして定義されること、そういうものだと思っている。この仕事は、あらゆる分野にわたって実現されうるもので、文学、造型芸術などと共に、音楽もその一つの表れであり……」

「ある一つの促し（それは個人になるための種子であり、また本当の社会の基礎である）から出発して冒険を通り、経験の形成に至るのである。それは一つの事実であり、人間となる、人間そのものに本質的に属する歴史であり、その経験そのものはある経験を越えるものを定義することによって、歴史と伝統に参与するのである」

「森さんは、人間の生き方そのものにも、定義を置いている。ここでの定義とは、ある時代の多くの人が共有する感覚や観念。ある経験を越えるものとは、自分一人の経験を越えて、万

ホテル・ヴィラ・マダムの室内

人の感覚や心に訴え掛けてくる人間的な経験を暗示していると思う」

「その人の内的経験の人生は、定義された言葉で表す思想だから、自ずと普遍性があり、万人が共有できるわけね」

「その時、個人の感覚から出発した経験が、本当の意味で個人を越える経験になるわ」

「それで、バッハの音楽にも、言葉が定義されている、と森さんは語っていたのね」

直美は心の底から納得した笑みを浮かべた。

「森さんは、きっと、移ろいゆく無常の人間の人生において、浮動する主観的な知識に、言語による客観性を与える手法で、不動なものになることを希求していたと思うの。だから、森さんにとって定義する行為は、生きる価値そのものだった、と思うわ」

「森さんの「定義する」の意味には、深い人生観、人間観が含まれているのね」

「森さんは、人間の人生が唯一回のように、経験も人間の生涯に唯一つ、と考えるの」

「どういう意味？　人間は一生に色々な経験をするではないの？」

「定義とは、内なる促しからの出発から始まった人間の道を、あらゆる苦難に耐え、自分を越えたものに辿り着く到達点を意味する」

「定義が、人間の道の到達点を意味するなんて、そこまでは想像できていなかったわ」

「定義までの一人の人間の道は他の誰とも置き換わらない唯一回の人生。経験は時間とともに堆積してゆく内面の思索の道のり。だから、経験もその人自身以外の誰のものでもない。唯一つなの。森さんはそう語っている」

「内面経験の堆積過程はいつも、必ず、独立している。成立した内面経験は他の内面経験を生むことはできない。……一つの内面的経験は一人の人間の生涯に唯一つしかないと僕は確信している。これらすべては個人の独立と尊厳ということと同意義である」

「有難う。もう、寝ましょうか。眠くなってきたわ。明日また聞かせて」

7

翌日の午前中は、アンヴァリッド（廃兵院）とオルセー美術館の間に位置している、七区のサント・クロティルド聖堂を眺めに行く。

十九世紀の中頃、ヴィオレ・ル・デュックが、ネオ・ゴシック様式の教会の原像ともいうべきものに基づいて、設計した教会堂だ。

サン・シュルピス教会

サント・クロティルド教会

森は、サント・クロティルドについて、「この教会は、非常に表面的な意味でむりに美しいと言えるかもしれないが、本当は決して美しくない。ゴチックの模型ではあっても、ゴチックそのものではない。そして模型には本物の美しさがない」と、批判的に述べている。

蓉子はホテルに一旦戻り、近くにある『ダ・ヴィンチ・コード』の舞台としても話題になった、サン・シュルピス教会に直美を誘う。

「昨夜は、あれからすぐに寝てしまったわ」

と、教会に行く道を歩きながら、直美が恥ずかしそうに笑った。

「十七世紀に再建が始まった、ジョヴァンニ・セルヴァンドーニの美しいファサードの設計が、フランス革命で工事が止まって、そのまま右側の南塔は完成することなく、現在に至っているようよ」

「そう聞くと、塔の形が左右で異なるのも、単に個性的という以上の歴史を感じるわね」と、直美はサン・シュルピスの塔を見上げた。

引き続き、二人は、リュクサンブール公園内を散歩する。ほとんど人気《ひとけ》はなく、青空に大地の緑が綺麗だ。八月のパリの空は青くて高い。

「リュクサンブール公園は、森さんの憩いの場の一つだったみたい。あちらにジョルジュ・サンドの像があるから、見に行きましょうか」

陽だまりの公園内を二、三十分ぶらぶら歩いてから、二人はベンチに腰を降ろした。

リュクサンブール公園

「ところで、『バビロンの流れのほとりにて』って、バッハのオルガン曲の名前でしょう？　本の題名は、そこから取ったのかしらね」「『バビロンの流れのほとりにて』はバッハのコラール前奏曲ね。森さんが亡くなる間際まで、ずっと弾いていた曲。本の題名は、パスカルの『パンセ』の一節に基づいているようよ」

「**バビロンの川は流れ、くだり、巻き込む。ああ、聖なるシオンの都よ。そこではすべてのものがとどまり、何ものもくずれない**」と歌われるように、バビロン川は、流れていくものの象徴で、シオンは何も崩れるものがない楽園を表している」

「バビロンとシオンは対比しているのね」

「森さんは、幼い日からアブラハムの信仰と結び付いている。バビロンの流れには、アブラハムが神の「内からの促し」で、砂漠に向かってカルデアのウルから出発する決意と道程《みちのり》を象徴しているの」

直美は、関心がありそうな様子で、蓉子の言葉を待っている。

「表題には、森さんがアブラハムと重ねて、決して崩れない精神的価値の希求をイメージしていると思うわ」

「アブラハムの道を象徴するなんて、よく考えられた表題なのね」

「表題には、二つのイメージがあるのですって。もう一つのイメージを二宮正之さんが書いておられたので、知ったのだけど。聖書の『詩編』に、バビロンで捕囚の身にある外国人がシオンに向かって涙を流すバラードがあるのですって」

「『詩編』のバラードと言われても、詳しくないから、分からないわ」

「故国を離れて、異郷に余儀なくされた人間の自国への愛が込められている、との意味。森さんは、生まれ育った日本を決して忘れることはなかった、と、二宮さんは書いていたけど、そうだと思う」

「なるほど、なかなか深いイメージが盛り込まれている本のタイトルだわ」

「私は、『バビロンの流れのほとりにて』は、森さんの「経験の思索」を自らが試み、体現した本だと思うの」

「単に、見たものや出来事の成り行きをそのまま書いた書簡や日記ではないのよね」

「森さんは内からの促しで、日本を発つ。ヨーロッパで、外の世界の新鮮な事物に触れ、何にも惑わされることのない自分自身の感覚で対象を捉える。感覚が捉えた対象をそのまま受け止め、内面に反映させる。それを言葉に表出して『バビロンの流れのほとりにて』の中に綴る」

「森さんは、自身の「経験」を、本の中で言葉に定義するわけね」

「森さんにとって、書く行為は、主観的な経験を言葉に定義する道程《みちのり》。内面で時間を掛けて変容した経験は、定義された言葉を通し、普遍性のある思想に形成していく」

「森さんの「経験思想」に至る「経過」が、きっと本の中に凝縮し実践されているのね」

「**「伝統」的な日本の言葉、ことにその一つ一つの語を、私なりに本書の中の「経験」が定義しているということ、それが本書が形をなした最も大きい理由の一つである**」と、森さん自身があとがきに記しているわ」

「でも、デカルトやパスカルのような、何か大きな思想を『バビロンの流れのほとりにて』では、打ち出しているの？」

「森さんが辿る道は、アブラハムの辿ったバビロンの道。森さん自身が辿るバビロンの道を「**自**

分の経験の山脈を尾根伝いに進んでいくのだ」、「ある人が真に生きたその軌跡を人は孤独と呼ぶのだ」とも、告げているわ」

「本の中に自分の内省的思索の軌跡を綴り続けたのね」

「何か大きな思想を打ち立てたのか、何が定義できたのか、が問題ではないの。定義していく道程《みちのり》自体に、バビロンの道を歩いていく軌跡そのものに、森さんの本の素晴らしさがあると思う」

直美も感慨深そうな表情をしている。

「しかも、自己をとことん見詰めて、とことん極めて。さらに、丹念に、丹念に言葉に掘り起こして、森さん一個人の軌跡を普遍的なものにまで高めている」

「あなたがこれほど感動するのだから、人間の魂の価値探求の本ね」

「森さんは、人間の根源的な孤独について、「人間の本然から湧き出してくる孤独」と、表現するのだけれど、その孤独を突き抜けて生きたいと、願う私を含めた万人の心が、森さんの本には刻まれているのだと思う」

「人生の大半の時間、森さんの『バビロンの流れのほとりにて』の中の思索を探求し続けてきたあなたにも驚くけどね。確か、森さんの本との最初の出会いは、二十五歳の頃、森さんのノートル・ダム寺院についての形容の表現に感激した時なのでしょう?」

「**「形の美しさを突き抜けた精神の美しさ**」ね。森さんのいうノートル・ダム寺院の「精神の美しさ」とは、何なのか、それを解明したくて、私の『バビロンの流れのほとりにて』の四十年の読み解きの旅が始まったのだわ」

直美は蓉子の横顔を見て、大きく頷いた。

「四十年か。あなたの人生と共に、森有正氏はあったかのようね」

「森さんはノートル・ダムを「形を突き抜けた精神の美しさ」と表したけれど、形と精神は、制度と思想という言葉にも置き換えられるとも思ったわ。制度を突き抜けた精神の美しさ（失ったものに堪えるための思想）を模索し続けた」

「制度を突き抜けた強靭な思想を築くのは、とても難しい人生の課題だわね。ところで、森さんは、バビロン川を実際に見た経験は、あるの？」

「森さんは、バビロンを一目でも見ようと、バビロン行きを計画するの。一九七一年十二月十五日の日記に書いているわ」

「**古代の太陽の下で小波の玉虫色にきらめく、ゆったりとしたバビロンの流れを一目みる。ただそのためにすることなのである。……この旅の主目的はユウフラテス河とチグリス河が堂々と流れるのを見ることにある。この接触、この出会いは、僕の生との関係において、あらゆる価値を含んでいる**」

「実際にこの後、バビロンに行くのよ。旅行後の一九七二年三月一日の日記には、次のように記している」

「バビロンの両大河は、地平線を区切るなつめ椰子の林に沿って、真蒼に、流れている。ユウフラテス河とチグリス河は、遠くなり近くなりして流れてきて、クルナのところで、悠々と静まりかえって合流する。みそさざいが何羽も灰色の透明な水の上で球のように舞っている。この静まりかえった和らぎはト調で、悠々と、沈黙の巨大な輪をなして、他のものに少しも乱されずに、波うっている。沈黙の声がつぶやきはじめ、次第次第に力を増して、遂にその清澄な響きの凡てを鳴り渡らせる時、バビロンの河は大海に流れ込み、消えていく……」

「何とも言えない感慨が湧くわ。この数年後に、森さんは亡くなられたと思うと余計に。森さんは、最後はバビロンの道の果てに、辿り着けたのかしら」

「人間には皆「DÉSOLATION と CONSOLATION」の統一の前に死があるのよね」

蓉子の言葉に、直美は言葉を詰まらせた。

8

午後は、蓉子は直美と別行動となる。直美はバルビゾン（パリ南方の村）の村巡りのオプショナル・ツアーに参加した。

蓉子は、森が一九七三年の五月から約三年半、日本館の館長の職に就いた場所をこの目で見るために、パリの日本館を訪ねる。

郊外鉄道RERのB線で降りて、パリの南方に位置するCité Universitaire（シテ・ユニヴェルシテール）駅で降りる。ここまで辿り着けて、まずはほっとする。駅の正面に、国際大学都市の構内に繋がる広い石段がある。

階段を上がりながら、何人かの若者と擦れ違う。髪の色も肌の色も皆、違う。それぞれ異なる国からの留学生であろう。若人の行き交う風景は、どこの国を見ても、いいものだ、と思う。国際大学都市は、東京ドームの七個以上の広さがあると聞いて来た。階段を上がり詰めると、見渡す限り建物と敷地が続いている。地図を目安に、左手に歩いていくと、奥に、日本風の切妻屋根の造りの建物が見えた。

緑の木立に囲まれた日本館の入口はそれほど大きくはない。建物の高さは、それなりにある。木々を照らす八月の光の色に、どことなく夏の終わりを感じさせる。明日はもう九月だ、と蓉子は思った。

エントランスの階段を数段上がり、ブザーをこわごわ押す。

「濱野館長と、三時にお約束させていただいております、三枝蓉子でございます」

中から、中年の管理人風の女性が出てきて、ドアを開けてくれた。優しそうな親しみを込め

パリ国際大学都市正面階段

パリ国際大学都市正面広場

パリ国際大学都市の中庭

日本館内の藤田嗣治『馬の図』

パリ国際大学都市の日本館

た表情だった。
七、八階建てくらいだろうか。
「お待ちしておりました。どうぞお入りください」

玄関ホールの正面に、馬のたくさん描かれた絵が目に入る。

女性は、速やかに、蓉子をサロンのような広い部屋に引き入れた。

「この部屋は多目的ホールです。クリスマス・パーティや、日本やフランスの著名人の講演会を催したり。駐日フランス大使も交えて、文化的な事業も催す場所なんです」

「広いだけではなく、格調もありますね」

蓉子をそのまま引率して、二階に上がる階段の下に来た。手前で女性は立ち止まる。

「この絵は、先ほどの玄関の正面にあった『馬の図』と同じ藤田嗣治の『欧人日本へ渡来の図』です」と、左手の壁に掛けられた大きな絵の正面に案内する。

「立派な絵ですね。先ほどの『馬の図』も立派でしたけれど」

日本館内の藤田嗣治『欧人日本へ渡来の図』

突き当りの壁面に大きく掲げられた『欧人日本へ渡来の図』に、蓉子はじーっと見入る。

『馬の図』と『欧人日本へ渡来の図』の二枚の絵は、日本館での、見どころなんですよ。時々、館内を一般公開して、これらの絵の展覧会も催しています」

「藤田嗣治さんの、こんな素晴らしい絵をパリで見られるとは、思っておりませんでした。拝見できて嬉しいです」

女性が絵の右脇にある一間くらいの幅の階段を上り始めたので、蓉子も慌てて後を追った。

二階の部屋は、下の大広間の三分の一くらいの広さである。右手に開かれた窓からも、八月の空が広がっていた。木漏れ陽が部屋の中にも差し込んでいる。

窓を背に置かれた机に座っていた濱野健二館長が蓉子を見るや、立ち上がる。蓉子は、森有正もこの椅子に座っていたのだろう、と想像する。

「三枝蓉子でございます。今日はお時間をお取りいただきまして、有難うございます」

「場所は、すぐお分かりになりましたか?」

濱野館長は、細面の背の高い風貌で、優しそうに蓉子に言葉を掛けた。

「途中で迷うかと思い、心配でしたが、無事に辿り着けました。日本館は、なかなか趣のある建物ですね。日本人の建築家が造られたのですか?」と、蓉子は微笑みながら尋ねた。

「フランス人の建築家のピエール・サルドゥーが建築設計したものです。一九二九年の五月には、当時のフランス大統領も臨席して、竣工式が行われたようです」

「一九二九年にできたのですか。歴史がずいぶん古いのですね。日本の人は、パリにこんな立派な日本館があるなんて、ほとんど知りませんのに」

「由来は、一九二〇年代の後半に、駐日フランス大使だった詩人のポール・クローデルが日本館の建設を提唱したことに拠ります。第一次世界大戦で荒廃したパリの復興の一環としてこの地区は計画されたようです」

日本館前庭の白樺と芝生

「日本館の建設は、日本人ではなく、フランス大使が提唱されたのですか。知りませんでした。ちょっと驚きです」

「そこで、日本の実業家の薩摩治郎八氏が私財を投じて日本館を建築し、大学都市に寄贈したと聞いています」

「国際大学都市の一隅に、この館があることで、日本風の情緒が醸し出されていますね」

「日本館の周りには、日本庭園もあります。カナダ、インド、スペインなど、他の外国館も、それぞれのお国柄を示すユニークな建築様式になっています」

そういえば、昔、外国館の趣のある建築については、都筑先生からも聞いた、とオデオンのレストランでの会食の場面が、一瞬蓉子の脳裏に甦った。

「建物だけでなく、この地区の理念も素晴らしいです。国籍や文化を越えての相互理解を深めて、世界平和の担い手になる人材の育成にあります」

「日本庭園もあるのですか。帰りに、拝見させていただきます。先日、メールに主旨をお伝えさせていただきましたが、本日は、ここにいらした頃の、森有正さんのエピソードを知りたくて、お伺いいたしました」

蓉子は、濱野館長に向けて、改めて頭を軽く下げた。

「三枝さんのメールは拝読致しました。森有正さんを通して、生きることの意味を思索されているお話、印象的でした。少しでも、お役に立てればと思いました」

濱野館長は、穏やかな笑みを満面に湛えている。

「森さんは、このお部屋でパイプオルガンをいつも弾かれていらしたのですか？」

「森さんが館長をされていらしたのは、もう四十年も前ですから、私自身はほとんど何も、知らないのです」

濱野館長は、ばつが悪そうな表情をした。

「森さんが館長をなさった時から既に四十年が経過していますから、濱野さんが森さんを直接にはご存じないのは、当然ですね。申し訳ありません」

「でも、森さんが、パイプオルガンをお好きだった話は、よく聞いております。森さんに関しては、ここにある程度の資料は揃えておきましたから、ご覧になってください」

濱野館長は、丁寧な手つきで、蓉子の前に、古い写真や、当時の記録を収めた資料を机の上に広げた。

「森さんは、留学当初は、日本館で生活されていらしたのですか？」

「短い間のようですが、最初はここで生活されていらしたと、聞いています」

蓉子は、テーブルの上の資料の一つ一つをゆっくりと手に取った。その中に、歴代の日本館の館長の名前が記されている冊子がある。蓉子はその資料を手に取る。

「森さんは、一九七三年の五月から一九七六年の十月まで日本館の館長を務めていらしたのですね」

「一九七六年の十月十八日に、六十五歳で亡くなられました」

パラパラっと頁を捲る。その時、蓉子の目に、都筑高明の名前の文字が突然、目に入る。

「都筑高明さんのお名前がありますが、日本館の館長をされていらしたのですか?」

蓉子が驚いた表情をしたせいか、濱野館長も、目をぴくっとさせた。

「都筑先生は、二〇〇四年十月から二〇〇七年三月まで、ここで館長を務めておられましたね」

蓉子の胸は早鐘のようにどきどきしてきた。

「日本館の館長は、文系の方とばかり思っていましたが、理系の方もなさるのですか?」

「勿論、文系の方が多いのですが、都筑先生のように業績のある先生には、理系でもお願いすることが稀にあるのです」

「都筑先生は、業績を積まれていらっしゃるのですか」

「ご存じありませんか? 通信工学の符号系列の研究では、日本の第一人者ですよ。昨年、世界的権威のシャノン賞を取られ、その他、たくさんの賞を取られています。日本では、学士院賞、紫綬褒章も受賞されています。今は、電気情報通信学会の会頭も務められています」

「都筑先生は、そんなにご立派な業績を挙げられているのですか」

蓉子は、高明の大成を聞いて、嬉しかった。だが、思わぬところで、都筑高明の存在が現実的に確認され、魔法を掛けられたように、頭の中がぼーっとしてきた。

一時間ほどして、館長室を出た。濱野館長は、帰り際に幾つか資料を入れた封筒を手渡してくれた。

蓉子は封筒を抱えて、足早に、行きに通った正面の階段を降りる。下り切った時、ふと、振り返った。陽の傾きかけた淡いブルーの空を背景にして、灰色の石段の全景がすっぽりと目に入る。

その瞬間、大粒の涙が蓉子の目からどっと溢れて、頬を伝った。都筑高明は、この場所から、毎日と言えるほど、蓉子に手紙を出してくれた。ポストはどこにあったのだろうか？

高明が手紙を書いている時は、この全世界で蓉子ひとりに向かって、思念を集中させていたはずだ。蓉子もまた、高明の存在だけを頭に巡らして、パリからの手紙を胸に抱いたはずだった。きっとお互いの心が時空間を越えて、確かに繋がっていた一瞬があった。一瞬であれ、二人が同時に同じほうを見ていた。同じ海の遥か先を見詰めていた。それもどこまでも限りなく自由に広がっていた晴天の空の下で。

抑えようとしても、涙が込み上げてきて止まらない。涙の流れるままに任せながら、想いを馳せた。

どれほどの時間が流れようとも、高明と蓉子が手紙を書き合った事実は、紛れもなく存在する。この場所が知っている。二人の人生の中に刻まれた事実だ、と蓉子は思った。あの二年に蓉子の全生涯が詰まっている。

蓉子は、いつまでも、このまま悲しみの中に浸っていたかった。それは、森の言う「日に照らされたかなしみ」と、どこか似ていた。

流れる涙を何度も拭いながら、Cité Universitaire（シテ・ユニヴェルシテール）駅に向かった。

9

その夜、ベッドに入ってから、蓉子は直美に話し掛けた。

「今日、森さんの当時の事情を知りたくて、日本館に行ったら、都筑先生も日本館の館長をされていたのですって」

「都筑先生って、誰？」

「大学の卒業旅行でパリに行った時、私たちをご案内くださったフランス語の先生よ」

「フランス語の先生なら覚えているわ。都筑先生というお名前だったの？　ご親切な方だったわね。私たちをフォンテーヌブローまで連れていってくださって」

「あの後、もう一度、ノートル・ダム寺院を見たくて、パリに行きたいと私は強く思っていたの。お昼は毎日ラーメンで済ませて、旅費を必死に貯めたのよ。その折は、フランス語の先生がまたご案内してくださる予定になっていたの。だけど行かなかった」

「せっかくの機会だったのに、なぜ行かなかったの？　残念ね。行けば良かったのに」

「でも、あの時、パリに行っていたら、私、もしかしたらフランス語の先生と結婚していたかもしれない、と思って」

「いい方だとは思ったけど。あのフランス語の先生、風采もあまり上がらなかったし、押しも弱そうに見えたわよ」

「あの時、あなたにはそんな風に見えたのね。私には、フランス語の先生は、知性と教養に富んだ尊敬できる方だったわ」

「勿論、穏やかで、知性豊かな方だとは思ったけれど」

「静かだけど、情熱を秘めた方だとも思えたわ。お手紙の文章も素晴らしかった。今の二十代の若者にあれだけの文章を書ける人はいないのでは？　と思うほどよ。きっと感性もどこか私と合っていたのね」

「地味だったかもしれないけど、あなたも研究が好きだから、二人で研究をしながら、良い人生が送れたように思うわね」

いつの間にか、直美は寝息を立てている。蓉子は枕元の灯をそっと消した。

第十一章　ノートル・ダムの鐘楼
―――二〇二一年（令和三年）晩秋

1

二〇二一年十一月二十八日二時、蓉子は大手町の日経ホールに向かった。

日本のこれまでのノーベル賞の受賞者の鈴木章、中村修二、大村智と、三人に続く現在の日本の生物・物理・化学の分野におけるノーベル賞の有力候補者との「科学の未来」と題するシンポジウムの案内記事を新聞で見た。そこに、都筑高明の名前も連ねていた。

春に森有正の本の出版の件で、手紙を寄越した桐楓社の編集者が高明の息子さんと分かってから、機会があれば、高明に逢いたいと思っていた。新聞で偶然に見付けたシンポジウムの案内は、不思議な巡り合わせに思われた。

蓉子が薄暗いホールに入ると、席は満席だ。一番後から三列目の右から二番目が一席だけ空いているのを見付ける。そうっと椅子に近づき、腰を掛ける。

正面に設《しつら》えられた横長の机には、六人の生物・物理・化学者たちが並んで、席に着いていた。ライトの当たった机を蓉子は左から右にさっと目を流す。

二〇一〇年のノーベル化学賞の受賞者の鈴木が、中央の席で、受賞内容の有機合成におけるパラジウム触媒クロスカップリングについて話している。

鈴木の右隣の一人を置いて、都筑高明らしき人がいる。その人は長髪ではない。白髪も少し混じっている。この人が、都筑先生だろうか？

鈴木の話が終わると、拍手がしばらく続いた後に司会者の声が響く。

「次は、大阪大学名誉教授の都筑高明先生に、先生の開発された、無線周波資源を高効率で利用するための、信号処理技術についてのお話を伺いたいと、思います」

辺りの雰囲気が、一瞬、静まり返った。蓉子も息を飲んだ。

「都筑先生は、シャノンの情報理論では、これまで、周波数利用効率は或る数学的限界を超えることが困難とされてきたのを、シャノン通信モデルに属しない信号系を構築することによって、周波数利用効率を上げる、通信の基礎を考えることに成功されました」

専門的な用語は何一つ分からなかったが、高明が素晴らしい研究を開発したのだろう、と蓉子の胸は高ぶった。

「先生の数々の業績は、皆様ご周知のことと思います。では、都筑先生、よろしくお願いいたします」

高明は座ったままマイクを手早く取る。

「ただ今、ご紹介に与りました。都筑でございます」

その声を聴いた瞬間、やはり都筑先生だ！　と確信する。蓉子の耳に響いてくるのは、今、マイクを通した高明の声ではない。約半世紀前の高明の声、話す時のアクセント、イントネーション、などがそのまま響いてくる。

落ち着いた響きのある声。自分は半世紀前の都筑先生の声を今もそのまま覚えていた、と驚く。

その後は、高明の研究内容の説明など、まったく上の空だ。落ち着いて聞こうとしても、何も入ってこない。「周波数」「信号」「符号系列」の単語のみが、耳の入口に幾度も行き交う。

眼は高明の顔面一点に注がれているのに、心は宙に浮いている感じだ。

頭の中には、半世紀近く前の、アテネ・フランセでフランス語を習っていた時の高明の姿だけが、くるくる回っている。

よく考えると、自分は、長髪の赤いセーターを着ていた二十八歳の高明の姿しか、知らない。

あの姿が最後なのだ。蓉子の中には、その時の高明の姿が焼き付き、その像のままで、止まっている。

しかし、今、蓉子の目の前にいる高明は、七十をとうに超え、堂々とした威厳に満ちたロマンス・グレーの紳士だ。

昔、母の昌子が「男の人は歳月が顔を創るものよ」と、言った言葉を思い出した。高明の顔、声、姿全体に、人間の価値をあらしめるものが、透かして見えてくる。

今、立派に大成した高明を見るのは、なんと嬉しく誇り高いことか。しかし、また、蓉子の胸に何とも言えない一抹の寂しさも去来する。喜びと悲しみが、胸の中を振り子のように往復する。

仄かに染み入ってくる悲しみの理由さえ、今の蓉子には、分析できない。長髪の高明から、目の前のロマンス・グレーの変容の間がすっぽり抜けているからか？　それでいて、歳月が凝縮し、四十八年という時間がまったく存在しなかったかのような気もしてくる。

目の前にいる、ロマンス・グレーの高明と共に、今この場所から、そのまま、ブルターニュへでも、ノルマンディへでも、飛んでいけるような気さえする。飛んで行こう！　そう思う時、目の前で話をしている男性は、長髪で赤いセーターを着た高明の像に映る。

あの時の赤いセーターのままの高明と、ブルターニュまで飛んでいける人生もありえただろうに、と思う。一緒に、ブルターニュに行きたかった……。もう、何が何だか、分からなくなる。

客席からの質疑応答も交えて、二時間あまりのシンポジウムは終了した。みんなが席を立ち、客席の椅子が、一つずつ空き、静けさが広がっていく。

蓉子も、後ろのドアから抜けようとした瞬間、ここで帰ってしまう訳にはいかない気持ちが湧いた。

蓉子は身を翻すと、前の机の傍で誰かと立ち話をしている高明の姿が見える。蓉子は、立ち話の相手が去ったと同時に、深呼吸をして、前のテーブルのほうに近づいて行く。

「都筑先生、辻井蓉子です。ご無沙汰を致しました」

躊躇《ためら》いがちの笑みを浮かべて、蓉子は小さく上半身を折り曲げた。咄嗟の行動に、蓉子自身も驚いている。

蓉子が挨拶をして、顔を上げると、穏やかで柔和な高明の目と重なった。

そうだ。パリのプランタンの試着室からカーテンをそうっと開けた時に重なった高明の目だ。その眼差しも、微笑みも、四十八年前の赤いセーターを着ていた高明とまったく同じ高明だ。

蓉子の緊張も少し解ける。

「お元気でしたか？」

つい先日、会ったばかりの友人に対するかのように、高明は声を掛けた。

高明は、果たして蓉子と分かっているのだろうか？　と少し心配になった。何せ、半世紀近くの時が経ているのだから。他者が見たら、蓉子も今や、老境に入っている。そう思うと、不安も過る。

会場に溢れていた人々がみんな出払い、ひっそりとした部屋を後にして、二人はそのままホールの外の廊下に出た。蓉子は身体が硬く強張るのを感じた。

「この後、お時間を少しだけ頂けますか？」

蓉子は、思い切って、言葉を発した。蓉子の人生で、今ほど、エネルギーを振り絞った経験はなかったように思う。蓉子の全生涯において、最初で最後の勇気だろう。

「いいですよ。夜に、また会合が一つあり、あまり長い時間は取れないのですが、それでも、いいですか？」

眼の前に、あまりにも懐かしい人の顔があった。蓉子は、懐かしい人の顔を離さずに見詰めた。

「有難うございます。ちょっとのお時間で大丈夫ですので」

心の中に垂れ込めていた霧が少しずつ拡散していくように思われた。

2

蓉子と高明は、パレスホテルのティールームに入った。奥のほうの西に大きく開かれた窓に面した席に座る。窓辺からは、夕陽が美しく映えている。

「騒がしいですね。こんな所でもいいですか」

と、高明が言葉を発する。高明は蓉子を気遣う目付きだった。

ティールームの中は、混雑しており、客席からの声が飛び交っていた。しかし、蓉子はそのほうが今はかえって都合がいいような気もした。できるだけ、簡潔に話をしないといけない。

「ご無沙汰しておりました」

蓉子は高明に向けて、改めて丁寧に頭を下げた。

「ご子息は桐楓社にお勤めですか？」

「桐楓社で、忙しく働いているようです」

と、高明はにこやかに言葉を返す。

「ご子息は高道さんというお名前なのですね」

高明は、驚いたふうでもなく、微笑んだままだ。

テーブルにコーヒーが運ばれてきた。

一息吐けてから、蓉子は、これまでずっと言いそびれた言葉を言わなくてはならない、と思った。

言い過ぎてもいけない、言い足りなくてもいけない。誤解を受けるような媚があってもいけない。正しく間違いのないように、気持ちを伝えなくてはならない。蓉子は唾を呑み込んだ。

「都筑先生に、昔、パリからたくさんお手紙を書いて頂いたこと、私の人生において、有り難かったと思っております」

蓉子は、高明の眼をじっと見た。

「何だか気恥ずかしいですね」

高明は、唇を横にして、照れ笑いの表情を浮かべた。今、眼の前にある高明の含羞《はにか》んだ顔や、眼差し、唇の表情に、昔、フランス語を教わっていた頃の、高明独特の誠実を蓉子は思い出していた。微かに張った緊張の中にも、瑞々しい感情が染み入ってきた。

「あの時、私も先生にたくさんお手紙をお書きしました。あんなにたくさん人に手紙を書いた経験は、他にありません。でも、先生にお手紙を出したのは、私の真実でした」

蓉子は、高明の眼をじっと見て、一気に告げた。蓉子としては、精一杯の言葉だった。四十八年の中で、何度も言おうとして言えなかった言葉を、今、やっと口に出せた。この一言を告げるために自分には四十八年が必要だった。

高明は蓉子の瞳をじっと凝らして見入るようにしたまま、何も言わなかった。しばらく間を置いて、高明がおもむろに口を開いた。

「あなたが二十一、二歳の頃でしたでしょうか」

蓉子は高明がフランスに留学した時は、自分は二十一歳だった、と一瞬で思い返した。二十一歳から、ほぼ半世紀前にも亘って、蓉子は高明の手紙を握り締めて生きてきた。その歳月に、我ながら改めて驚く。

「私もずいぶん年を取りました」と、蓉子は眼を細めて微笑んだ。

「私、あの夏、パリに行けば良かったと、この四十六年ずっと後悔しておりました。先生は、あの時、ブルターニュとノルマンディにご案内下さると仰ってくださいました。ブルターニュにもノルマンディにも行ってみたかったです。森有正さんも、昭和四十二年にブルターニュを旅されたようですね。残念でした」

蓉子はそこで言葉を詰まらせた。高明の顔は、四十六年という歳月を噛み締めているように、厳かで深い表情を湛えていた。

「フランス留学から日本に帰国する時、最後に独りでノルマンディとブルターニュに行ってきました。ノルマンディの英仏海峡に面する夏の海岸はフランスの中でも一番美しい光景だと思います。中でもエトルタは大好きです。石灰質でできたアヴァルの断崖は素晴らしい。ブル

ノルマンディのエトルタ

ブルターニュの西端ブレスト

フィニステールのラ岬

ターニュのブレストは西の最端で、フィニステール、「地の果て」と呼ばれているところです」

「フィニステール、聞いたことがあります。ブルターニュのラ岬は、最果ての地「死の岬」と言われていると聞きました。私の母は、私が中学一年の時、交通事故で、下半身マヒとなり、歩けなくなりました。あの夏は、母が胆石の発作を起こして入院し、父も急に病気になり、パリには行けなくなりました」

「お母様が胆石で入院されたお話は覚えています」

「私は、パリに行ったら、先生と結婚するのではないかと、思いました。母を置いて、パリには行けないと、思いました。先生はずっとパリにいらっしゃると思っておりましたので」

高明は、僅かに顔を強張らせたが、すぐ穏やかな表情に戻った。

蓉子は、少し間を置いて、そのまま言葉を続けた。

「あれからしばらくして、両親とも亡くなりました」

「僕の両親も、僕が二十五の時に、亡くなって、それで、パリの留学を決めました。両親も死んだから、もう、パリに行こうと」

高明の眼は窓を越えて、遥か遠い先を見詰めている様子だ。

蓉子はじっと高明の顔を見詰めた。蓉子がアテネ・フランスで、初めて高明と出会った頃、高明は二十六歳だった。前年に両親を亡くしたばかりだったとは。高明は明るそうに振る舞っていたから、蓉子は気付かなかった。高明はどんなに寂しい思いで、一人パリに発ったのだろうか。

あの時、蓉子が事故で障害を負った母の話をし、高明から両親が亡くなった話を直に聞けていたら、哀しみを分かち合えたであろうに。のみならず、もっと心の会話ができたであろうに、と残念だった。

いや、あの時に高明の話を聞いていたら、蓉子は何が何でも、パリに行って、高明の孤独な心を思いっ切り抱き締めてあげたかった、と思った。若かったから、互いに不器用に生きてしまった気もした。

「先生がパリにお発ちになった夜、エールフランスの九時四十五分の飛行機でしたね？　あの夜、羽田までお見送りに行けばよかったと後悔しました」

咄嗟に、母がくれたお餞別を思い出した。お餞別を持って空港に行けばよかった……。今更、何を言っているの？　自分の話は支離滅裂すぎる。二年間の高明との出来事の中の話とはいえ、これでは、高明も面食らうであろうと、反省する。

「僕は、十八で東京に出てきました。両親も亡くなったので、あの頃はお金もなかった。駒場寮にいたくらいですからね」

高明は苦笑いをした。当時の、東大駒場寮は狭くて汚い、と蓉子も聞いた覚えがある。パリで着ていた、高明の赤いセーターの袖口の綻びを思い浮かべた。

「結婚後に、母は何度も、都筑先生にお会いしたら？　と申しました。私はそんなことはできない、と思いました。でも、あの時、もし、都筑先生にお会いしたら、母と子供を抱えたこんな私でも引き受けてくださるような気が一瞬しました」

蓉子は、ここで言葉を切り、一息吐いた。瞳を凝らして、高明の柔和な目の奥までじっと見入った。高明は蓉子の独り善《よ》がりの想いに驚いているのだろうか。それでも、蓉子はこの四十八年、自分の高明を信じる気持ちには変わりはなかったと確信した。

「実際のところは、都筑先生はそんなふうにはお考えにはならないと思いますから、あくまでも私だけの勝手な幻想でしたが」

こんな話を今日するつもりではなかったのに。また、時間が飛んでいる。蓉子の唐突な話題に、高明は戸惑っているかもしれない。自分はいったい何ということか。もっと落ち着いて……。

それでも、もう言葉は始まっている。最後まできちんと話をしなければならない。蓉子は覚悟する。

「でも、その時、私は、自分がそこまで思えるほどの信頼を、都筑先生は私に下さっていたのだ、と気付きました」

吐露し終えて、今、蓉子が高明に伝えたかった心は、すべて伝えられた思いがした。ずいぶん迷ったものの、何だか素直に話せた気がした。

高明は、しばらく間を置いてから、口を開いた。

「その時に、お会いしていたら、考えたと思います。僕とあなたの人生も、今とは違っていたでしょうね」

蓉子は目を見張った。すぐに、高明は今だからこう言えるのであり、あの時であったなら、違った答えだったかもしれない。

でも、高明は嘘をつく人ではないはずだ。たとえ、今だからでも、いい。今、高明からこの言葉を聞けただけで、十分すぎる。蓉子の薄暗がりの人生の中に、仄かに灯る灯明のようにも思えた。

「先生から頂いたお手紙は、ずっと取っておりました。何度も何度も読み直しました。本当に有り難かったと思います。私の人生の宝ものと思っております」

蓉子は、この四十八年間、擦り切れるほどに反芻した高明の手紙の一つ一つを、思い浮かべた。

一人の人間の一生の中で、たったの二年ではあっても、決して小さな時間ではないだろう。その二年は、高明と蓉子だけの時間だった。その時間を都筑高明のような人と分かち持てただけで、蓉子は自分の人生が誇らしくも感じられた。

高明の澄んだ眼が窓越しに差し込んだ晩秋の夕暮れの光を彩なして心なしか揺れているように思えた。

「僕も、あなたの写真を一枚、今も持っています」

「何の写真でしょう?」

蓉子はびっくりして、訊き返す。

「あなたの卒業式の写真でしょうか」

高明は静かな笑みを湛えていた。蓉子は思い出した。そうだ、パリの高明にオデオンのレストランでみんなで撮った写真と一緒に卒業式の写真を送ったっけ。大学のヨーロッパ卒業旅行から戻って翌日に卒業式があった。

蓉子は、今朝、家を出るまで、高明に逢う行為をずいぶん迷った。だが、結果を恐れぬ勇気と、結果がどうであれ、自分を卑しめることがない心を持って……と覚悟して、家を飛び出た。

何せ、半世紀ぶりだ。半世紀も過ぎれば、人の記憶は薄れ、人の心も変わって当然であろう。

「あなた誰ですか?」と、訊かれてもおかしくない状況だ。

だが、高明も蓉子の写真を捨てないで、四十八年間ずっと持っていてくれた。お互いの肩に降り積もった歳月の雪をそっと振り払い、生きてきた軌跡を黙って抱きしめ合う無限の優しさがあった。蓉子の胸には、涙が込み上げてきた。ぐっと堪えた。

「今日はお疲れのところ、お時間をお取り頂き、有難うございました。先生が大成されていらして、とても嬉しかったです」

蓉子は丁寧に頭を下げた。

「自分には、符号系列の研究しかなかったので、ずっと続けて来ただけですよ」

高明はまた、唇を横にして、含羞《はにか》んだ表情をした。

「立派になる方は、皆、一つの道をずっと続けて歩いてこられています」

その瞬間、蓉子は、都筑高明という人間は、森有正の言っていた「人間が人間になる道」をずっと歩いてきたのだ、と思った。蓉子の中に刻まれたままの、長髪で赤いセーターの日の高明から四十八年の歳月、自分の道を誠実に行き尽くしてきた人だ。

蓉子は、今、高明の歩いてきた道に高らかに敬意を払うと同時に、慰労の念も湧いてきた。この人は若い日の蓉子が尊敬し、敬意を抱いた通りの人だった、と思った。眩しささえ感じられた。

「私は、この四十四年、森有正氏の『バビロンの流れのほとりにて』をずっと読み続けてきました。『バビロンの流れのほとりにて』は、私のバイブルになっていました。おそらく、森さんと同じに、人生は哀しみと思っているからでしょう」

突然、眼の前の高明が森有正と重なって見えた。四十八年前の高明からの書簡は、まるで留学当時の若き日の森有正に高明が成り代わって、蓉子に送ってくれた高明の『バビロンの流れのほとりにて』のようにも思えてくる。

「二宮正之さんの書かれた『私の中のシャルトル』は、森さんについてよく書かれていますね」

「先生からのお手紙で、森有正氏のお名前を教えて頂けたので、私は森さんに出会えたと思います。その点でも、都筑先生には感謝しています。今日は、先生にお目にかかれて、嬉しかったです。あの時、パリに行かなかったので、先生に、変な人だったな？　と、ずっと思われたままでは嫌だと思っておりましたから」

蓉子は、今日初めて、心に余裕ができたような感じがした。

「お手紙のお礼を申し上げないままに、死んだら嫌だと思いまして」

死ぬ間際に、あの星はどこへ行ったのだろう、と探すのは、悲し過ぎるから、今日、高明に会えて、良かった、と蓉子は思った。

3

外に出ると、黄昏の帳が辺り一面に広がっていた。ひんやりとした晩秋の夜風が蓉子の頬に触れる。

二人は、お堀に沿って、坂下門のほうに向けて歩き出した。高明とこうして並んで歩くのは、何十年ぶりだろうか。蓉子の心は高揚していた。考えてみれば、何十年ぶりどころか、半世紀近くの歳月だ、と改めて思う。

一個の人間の個人的生涯の個人の感情や歴史（そこで演じられた喜びや悲しみ、孤独や希望、生活や名前さえも）を冷ややかに無視して、永劫の時の流れが、人間伝承が、果てなく厳しく堂々と続いていく。そのこと自体が蓉子を圧倒させる。空しくさせる。

西方には、地平線に降り立つ太陽が、金色の光を放ち、最後の輝きを留めている。陽の影が高明の横顔を薄らと紅いに染めた。残照の光の海の中を二人は今歩いている。

その時、突然、この今の瞬間が、バスティーユからの道の途中で、ノートル・ダム大聖堂が、闇に浮かび上がった光景と重なった。ノートル・ダム寺院の後ろ姿が、ひと際ぐんと美しい光を放っている。あの時は、見とれて、感激したものだった。

ノートル・ダム寺院も二年半前に火事で崩壊した。蓉子が目にし、戦慄した、あの日のノートル・ダム大聖堂を、もう二度と見ることはない。海を越えた衝撃のニュースは、ノートル・ダムの崩壊と共に、蓉子の中で、一つの時代が確実に終わったような、寂寥感、虚脱感を与えた。

だが、今、沈む太陽を前にして、蓉子の眼の中には、あの時に見たままのノートル・ダム寺院が荘厳に聳え立っている。ノートル・ダム寺院を見て、感激で打ち震えている、あの時と同じ蓉子が、いる。

長髪で赤いセーターを着た高明と歩いたバスティーユからの道を今、蓉子は、歩いている。いや、ロマンス・グレーの高明と、今その道を歩いている。あの時が今なのか、今があの時なのか。どちらにしても、蓉子は、バスティーユからの道をノートル・ダムに向かって高明と共に今、歩いている。

半世紀が経ても、変わらないものがある。蓉子自身は、あの時とちっとも変わってはいない。あのノートル・ダム寺院の形の美しさを突き抜けた精神の美しさに胸の高鳴りを覚えた自分が今も、ここにいる。

高明も変わっていない。この四十八年は、この一瞬のための時間であったのだろうか。少し長すぎたかもしれないけれど。

今があの時なら、蓉子はずっとあのまま長髪の高明と並んで、どこまでも歩いていったであろうに。あの時が今なら、今ロマンス・グレーの高明と共に、このままどこまでも歩き続けていくであろうに。様々な思いが込み上げてくる。

夢なのか、幻なのか。今、自分は砕けた夢の破片を拾い集めているのだろうか。いや、流れ去るものは、もうすでにすべて流れ去った。自然淘汰された流れの途上で、今尚、残されたものがあるとしたら、それは歳月によって浄化されたものであるはずだ。

地平線の太陽は、雲間に燃えて煌めき、前より、さらに輝きを増している。辺りが黒ずんでくればくるほど、太陽はより赤く、大きくなっていくように見える。原色を惜しげもなく煉り合せたような、神秘的で濃厚な色合いは、この世のものとは思えない。色自体が生命を持ち、人間の魂を揺さぶるよう。

この瞬間に、真っ赤な炎と灼熱の光までも飲み干し、闇に化していこうとしている。

蓉子の眼尻から、薄っすらと細い涙が糸を引くように、頬を伝って、幾筋も流れ落ちる。隣を歩く高明には気付かれないよう、顔をそっと反らす。悲しいのだが、悲しくない。寂しいのだが、寂しくない。蓉子は、今、おおいなるものに、感謝しているような気がした。人間の運命、この人生を決して軽蔑したくない、と思えた。

道とは、どんな道でも、必ず行き止まりがあると、今まで思ってきた。しかし、地上の道が行き止まりなら、せめて、雲から雲を伝って行こう。この世でたった一つの無窮な道。今、自分が高明と共に歩いている、このノートル・ダム大聖堂に向かう道は、久遠の道を想像させてくれるような、夢への伝い道だと、蓉子は思った。

あとがき

初めて『バビロンの流れのほとりにて』を手にした日から、いつか森有正の思索について書きたいという四十六年間の想いを、この度何とか纏め上げることができまして、とても嬉しく思います。『高校生が読んでいる『武士道』』(角川新書)を二〇一一年に出版致しました直後には、すぐにでも着手しようと思っていたのですが、思いも懸けない諸事情が降り掛かり、パリの日本館を訪ねたのを最後に、執筆への意欲から遠ざかりました。一時は、私の人生で、森有正論を完成することはもうないであろうと、すっかり諦めておりました。

しかし、二〇二〇年二月より、コロナ・ウイルスが世界中に猛威を振るい始め、四月七日には緊急事態宣言が発令され、職場も自粛期間が設けられました。思いも寄らず、纏まった時間を持てたことにより、着手できるのは今しかない、という思いに駆られました。

自粛期間の一ヵ月半の間に何とかして仕上げるために、日夜パソコンに向かい、ほとんど中断せずに一気に書きました。森有正の真骨頂《しんこっちょう》である「経験思想」を書く時だけ、原稿書きを十日ほど中断し、他の方々の書かれた評論を再読しました。同時に、私自身は、どういう言葉を選び、どういう論理立てで、どういった構成の中で「経験思想」を紹介することができるのか、あれこれ考えました。

二〇二〇年五月末、緊急事態宣言が明けたと同時に、原稿用紙四百二十枚をちょうど書き上げました。その時には、何か、これで、私の人生に思い残すことがないような気持ちになるほど、清々しく、感無量の思いでした。自分の考えてきた森有正像、自分の書きたい森有正像を、渾身の想いで書き切ったように思われました。

考えてみますと、私が二十代の時に、『バビロンの流れのほとりにて』に強く惹かれた要因は、森有正がキーワードとして記している「DÉSOLATION と CONSOLATION」（悲しみと慰め）の融和でした。これは、私自身にとっても、生涯を懸けて探求したいと願うテーマでした。私がこれまで、シューベルトやイェイツ、新渡戸稲造の研究や執筆に取り組んできたのも、彼らの中に、森有正と同質の、この世界に対する認識、「喜びと悲しみ」の二極の相の葛藤と、その融和への希求を汲み取ったからでした。

遡れば、私にとって、「DÉSOLATION と CONSOLATION」の融和の模索は、私の卒論の作成のために、今は亡き、日本女子大学英文学科教授の亀井規子先生（夫君は東京大学名誉教授の亀井俊介氏）が薦めてくださった、ジョージ・エリオットの評論、Paris, B. J. 著の *Experiments in Life, George Eliot's Quest for Values*（Detroit: Wayne University Press, 1965）から出発しているように思います。「神なしの世界で、どう生きるか」を小説の中で問うたジョージ・エリオットについて、この批評書は詳細に分析していました。

ジョージ・エリオットも、シューベルトも、イェイツも、キリスト教の国の人々です。また、森有正も、新渡戸稲造も篤信のクリスチャンです。しかし、彼らは、神の存在を認めつつも、「喜びと悲しみの融和」、「永遠の肯定」、「失われたものに堪えるための思想」を、彼らの人生において、必死に探求し続けました。

結局、人間にとって、内なる世界（SELF）と外界との摩擦、葛藤（喪失の悲しみ）は、人間存在に自ずと宿す、生きている限り、根源的に免れ得ない問題だからだと思います。森有正はその実存の悲しみを「根源的な孤独」と呼んでいます。

私が二十二歳の時に書いた卒論『AN ANALYSIS OF GEORGE ELIOT'S QUEST FOR HARMONY』（この題は、先述の批評書の表題になぞって、亀井先生が付けてくださいました）から発した、ジョージ・エリオットの問いは、『バビロンの流れのほとりにて』の森有正の思索にそのまま引き継がれて、四十六年間に及び、私の中で、問い続けてきたように思います。その意味では、この度の『ノートル・ダムの残照――哲学者、森有正の思索から』の本で、森有正論を纏められたのは、途中、シューベルトやイェイツ、新渡戸稲造と、遠廻りをしながらも、一貫して、問い続けた私自身の課題の集大成とも言えるのかもしれません。

執筆の始めの頃は、十年間なかなか手を着けられなかった自分が悔いられました。時間を無駄にした、と残念に思い、焦りの気持ちも少し、ありました。しかし、書き進んでいきますうちに、これまで手を着けられなかったのは、諸事情のせいだけではないと気付きました。十年前は、書きたい気持ちはあっても、まだ「経験思想」の部分が、私の頭の中で、今ひとつクリアーになっていなかったからのようにも思いました。何となく解ったような気はしていても、いざ、それを適切な言葉で表現するには、どこかがぼんやりしている。私には、まだまだ、力不足な部分がたくさんあったからだろうと思われます。

言葉にして書く作業は、語彙や表現の技術の問題以前に、大本の、森有正の哲学そのものを正確に理解していないとできません。理解した内容が、さらに、緻密に、論理的に、頭の中で整理されていないと、実際には、書き表せないことを、改めて実感致しました。

この十年は、私自身は森有正論の思索からすっかり離れていた期間のように思っておりました。しかし、直接には関係がないように思える事柄でも、実は、この間の日々の中で、経験し、学んだ様々な事柄が有機的に、理解に繋がっていたのです。「経験思想」を私なりに深めていく時間でもあったように思われました。

二〇一二年に、リューベックを旅したこと、二〇一四年に、ポルトガル語の「サウダージ」

の意味を知ったことや、鶴見和子の水俣病に関する長い著作を読んだことが役立ちました。また二〇一五年に、アランの『定義集』を読み返したことや、『思索の源泉としての音楽』のCDを偶々《たまたま》友人から紹介され、森有正の生の声やバッハのコラールのオルガン演奏を聴けたのも、大きな収穫でした。また、二〇一六年から、私自身が五十年ぶりに、ピアノのレッスンを始めたこと等々も。

書き上げてみると、私としては、時が満ちて、やっと書けたのかもしれない、といった思いも湧きました。私が「経験思想」の理解をより深め、思索をより適確な言葉で表現できるようになるために、この十年は決して無駄ではなかったと、気付きました。

尚、この本は、森有正の思索を辿っていく三枝蓉子という架空の人物の物語として記しておりますが、蓉子の物語がこの作品の目的ではありません。この作品の意図は、小説風にアレンジした構成の中で、森有正の思想を分析し、解説し、紹介することにあります。

この手法を試みましたのは、哲学の専門家でもない私が、純粋な「森有正論」として論じるには、まだまだ僭越に思えたためです。それに加えて、森有正論にして堅苦しく記すよりも、旅と対話の小説風の設定の中で森有正を紹介するほうが、読み手にとり森有正の思索がより分かり易く、親しみ易く伝わるのではないか、と考えた次第です。

純粋な学術書のジャンルから見ると、違和感をお与えするかもしれませんが、できるだけ、森有正の思想を読者に身近に感じて欲しいと願っての手法です。小説風の構成の中で、森有正の思索を語る試みによって、この本を手にされる方に森有正の人生と思想が幾らかでも優しく届きますよう願っております（森有正からの引用は、明快に示すために「　」で括って太明朝体としました）。

私自身が、森有正の『バビロンの流れのほとりにて』に深く心を動かされてからの四十六年の道の途中には、一九九七年に、東京大学教授の高橋哲哉先生、二〇一〇年から二〇一二年まで、パリの日本館館長を務められた寺尾仁先生から、森有正氏に関するお話を伺わせて頂く機会にも恵まれました。また、通信工学については筑波大学教授でいらした末広直樹先生からもご指導を頂きました。先生方のご親切なご対応に、厚く御礼を申し上げます。

また、この度、推薦のお言葉を賜りました前国立公文書館館長の加藤丈夫様にも、心から御礼を申し上げます。

最後に、私の拙い森有正論に理解と共感を頂き、出版のご尽力を頂いた、藤原書店社長の藤原良雄様と、編集を担当してくださった藤原洋亮様には心から御礼を申し上げます。

たくさんの方々のご芳情に恵まれて、私の中で温めてきた森有正論が、『ノートル・ダムの残照――哲学者、森有正の思索から』の本として、四十六年の歳月を経て、今、日の目を見、形となりますことを、私はこの上ない喜びと思っております。

皆様、有難うございました。

二〇二三年　十月吉日

大森恵子

引用・参考文献

アラン『定義集』森有正訳、みすず書房、一九九七年
大森惠子『高校生が読んでいる『武士道』』角川書店、二〇一一年
片山恭一『NHK知る楽・森有正』NHK出版、二〇一〇年
カフカ『ミレナへの手紙』(カフカ全集8) 谷口茂訳、新潮社、一九九二年
小塩節『ラインのほとり』音楽の友社、一九八六年
佐古純一郎『森有正の日記』朝文社、二〇〇九年
夏目漱石『私の個人主義』講談社学術文庫、二〇〇〇年
二宮正之『私の中のシャルトル』ちくま学芸文庫、二〇〇〇年
プルースト『失われた時を求めて』吉川一義訳、岩波書店、二〇一九年
森有正『生きることと考えること』講談社現代新書、一九六五年
森有正『思索と経験をめぐって』講談社学術文庫、一九九八年
森有正『思索の源泉としての音楽』(CD) マーキュリー・ミュージックエンタテインメント、一九九四年
森有正『バビロンの流れのほとりにて』筑摩書房、一九六八年
森有正『パリだより』筑摩書房、一九七四年
森有正『遙かなノートル・ダム』筑摩書房、一九六七年
森有正・二宮正之編『森有正エッセー集成1』ちくま学芸文庫、一九九九年

森有正・二宮正之編『森有正エッセー集成2』ちくま学芸文庫、一九九九年
森有正・二宮正之編『森有正エッセー集成3』ちくま学芸文庫、一九九九年
森有正・二宮正之編『森有正エッセー集成4』ちくま学芸文庫、一九九九年
森有正・二宮正之編『森有正エッセー集成5』ちくま学芸文庫、一九九九年
リルケ『マルテの手記』望月市恵訳、岩波書店、一九九二年

パリ国際大学都市・日本館提供資料

森有正（もり・ありまさ）　略歴

一九一一年一一月三〇日、父・森明、母・保子の長男として生まれる。二歳で受洗。二九年、旧制東京高等学校高等科入学。三二年、東京帝国大学文学部仏文科入学。三八年、同卒業、大学院へ進学。四四年、旧制第一高等学校教授就任。四八年、東京大学文学部仏文科助教授。

一九五〇年、戦後第一回の仏政府給費留学生として渡仏、以後フランスに滞在。五二年、東京大学を退職。五五年、シャルル・アグノエルの仲介でソルボンヌ大学に職を得る。七〜一一月、最初の一時帰国（以後、数年に一度は一時帰国）。六八年、『遙かなノートル・ダム』（筑摩書房）で文部大臣賞芸術選奨受賞。六九年、国際基督教大学客員教授。七一年、パリ第三大学所属の国立東洋言語文化研究所（ＩＮＡＬＣＯ）外国人教授。七三年、パリ国際大学都市日本館館長（〜七六年）。

一九七六年三月、最後の一時帰国の後、パリに戻り、一〇月一八日、パリの病院にて死去（六四歳）。ペール＝ラシェーズ墓地でのささやかな葬儀ののち、父と同じ多磨霊園（東京）の墓に葬られた。

森有正　著作一覧

■全集・選集

『森有正全集』全14巻・補巻1　筑摩書房、一九七八〜八二年

第1巻　バビロンの流れのほとりにて／流れのほとりにて
第2巻　城門のかたわらにて／砂漠に向かって
第3巻　遙かなノートル・ダム
第4巻　旅の空の下で
第5巻　木々は光を浴びて
第6巻　現代フランス思想の展望
第7巻　近代精神とキリスト教
第8巻　ドストエーフスキー覚書
第9巻　デカルトの人間像
第10巻　パスカルの方法
第11巻　パスカルにおける「愛」の構造
第12巻　経験と思想　雑纂
第13巻　日記Ⅰ
第14巻　日記Ⅱ・アリアンヌへの手紙
補巻　補遺

『森有正対話篇』全2巻（木下順二編）筑摩書房、一九八二年

I 1948-1967

II 1967-1976

『森有正エッセー集成』全5巻（二宮正之編）ちくま学芸文庫、一九九九年

1 バビロンの流れのほとりにて／流れのほとりにて／日記 一九五四年五月一八日～五七年五月二〇日

2 城門のかたわらにて／砂漠に向かって／日記 一九五九年三月一五日～六〇年一一月二〇日

3 遙かなノートル・ダム／黄昏のノートル・ダム／遠ざかるノートル・ダム／日記 一九六一年五月四日～六八年一月二日

4 旅の空の下で／リールケのレゾナンス／アリアンヌへの手紙／日記 一九六八年一月三日～六九年九月二〇日

5 木々は光を浴びて／故国の情感／三十年という歳月 ほか／日記 一九七〇年一月七日～七六年八月六日

■単行本・文庫・新書

『パスカルの方法』弘文堂〈教養文庫〉、一九四三年（改題『パスカル――方法の問題を中心として』要書房、一九四九年、改題『パスカル』要書房〈要選書〉、一九五五年）

『デカルトよりパスカルへ』日新書院、一九四三年

『デカルトの人間像』白日書院、一九四八年

『近代精神とキリスト教』　河出書房、一九四八年（講談社〈名著シリーズ〉、一九七一年）
『現代フランス思想の展望――サルトル・アラゴン・カミュ』　桜井書房、一九五〇年
『ドストエーフスキー覚書』　創元社、一九五〇年（筑摩叢書、一九六七年、ちくま学芸文庫、二〇一二年）
『思想の自由と人間の責任』　日本評論社〈新文化叢書〉、一九五〇年（改題『自由と責任』河出新書、一九五五年）
『現代人と宗教』　要書房〈要選書〉、一九五〇年
『デカルト研究』　東大協同組合出版部、一九五〇年
『内村鑑三』　弘文社〈アテネ文庫〉、一九五三年（講談社学術文庫、一九七六年）
『バビロンの流れのほとりにて』　大日本雄弁講談社〈ミリオン・ブックス〉、一九五七年（『流れのほとりにて』『城門のかたわらにて』を合冊して筑摩書房、一九六八年）
『流れのほとりにて――パリの書簡』　弘文堂、一九五九年
『城門のかたわらにて――パリの手記』　河出書房新社、一九六三年
『遥かなノートル・ダム』　筑摩書房、一九六七年（角川文庫、一九八三年、講談社文芸文庫、二〇一二年）
『言葉　事物　経験――森有正対話集』　晶文社〈晶文選書〉、一九六八年
『旅の空の下で』　筑摩書房、一九六九年
『現代の省察』（垣花秀武と共著）春秋社、一九六九年
『砂漠に向かって』　筑摩書房、一九七〇年
『生きることと考えること』　講談社現代新書、一九七〇年

『人間の原理を求めて――揺れ動く世界に立って』（小田実と共著）筑摩書房、一九七一年
『デカルトとパスカル』筑摩書房、一九七一年
『Leçons de Japonais 日本語教科書』Librairie Taishukan（大修館書店）、一九七二年
『木々は光を浴びて』筑摩書房、一九七二年
『現代のアレオパゴス・森有正とキリスト教』（対話集）日本基督教団出版局、一九七三年
『パリだより』筑摩書房、一九七四年
『古いものと新しいもの』（講演集）日本基督教団出版局、一九七五年
『ルオー』（高田博厚と共著）筑摩書房、一九七六年（第三文明社〈レグルス文庫〉、一九九〇年）
『土の器に』（講演集）日本基督教団出版局、一九七六年
『思索と経験をめぐって』講談社学術文庫、一九七六年
『いかに生きるか』講談社現代新書、一九七六年
『遠ざかるノートル・ダム』（遺稿集）筑摩書房、一九七六年
『セーヌの辺で』毎日新聞社、一九七七年
『光と闇――森有正説教・講演集』日本基督教団出版局、一九七七年
『経験と思想』岩波書店、一九七七年
『アブラハムの生涯――森有正講演集』（講演集）日本基督教団出版局、一九八〇年

■翻訳

パスカル『田舎の友への手紙（プロヴンシアル）』白水社、一九三九年（同〈仏蘭西古典文庫〉、一九四九年）

デカルト『**真理の探求**』『デカルト選集』第4巻、創元社、一九三九年（同〈哲学叢書〉、一九四七年）
ブトルウ『**パスカル**』創元社〈哲学叢書〉、一九四二年
ストロウスキー『**仏蘭西モラリスト**』（土井寛之と共訳）弘文堂〈世界文庫〉、一九四二年（改題『フランスの智慧』岩波現代叢書、一九五一年）
カルヴァン『**カルヴァン説教　第一巻上**』長崎書店、一九四三年
アラン『**わが思索のあと**』筑摩書房、一九四四年（思索社、一九四九年、新潮叢書、一九五一年、中公文庫、二〇一八年）
パスカル『**幾何学的精神**』創元社〈哲学叢書〉、一九四七年
マンデス・フランス、アルダン『**経済学と経済政策**』（成瀬治・横山正彦と共訳）日本経済新聞社、一九五六年
ボワヴァン『**美はつくられる――フランスの美容術**』（鈴木力衛と共訳）紀伊國屋書店、一九五七年
リルケ『**若き日の真実――フィレンツェ日記**』角川文庫、一九五八年（改題『フィレンツェだより――ルー・サロメへの書簡』筑摩書房、一九七〇年、『フィレンツェだより』ちくま文庫、二〇〇三年）
ペリュショ『**ゴッホの生涯**』（今野一雄と共訳）紀伊國屋書店、一九五八年
デカルト『**思索私記**』『デカルト著作集』第4巻、白水社、一九七七年
アラン『**定義集**』（所雄章編）みすず書房、一九八八年
Rashômon et autres contes, par Akutagawa Ryûnosuke（仏語訳）Gallimard/UNESCO, 1965

著者紹介

大森恵子（おおもり・けいこ）

東京都出身。日本女子大学文学部英文学科卒業後、同大学院文学研究科英文学専攻博士課程前期修了。日本女子大学附属中学校・附属高等学校非常勤講師、法政大学エクステンション・カレッジ講師、東京国際大学非常勤講師等を経て、現在、神奈川大学公開講座講師。

著書に『Honeysuckle の追憶』、『英詩のこころを旅して——今、Innisfree に誘われて』（青娥書房、2000 年）、『愛と叡智——イェイツの世界』（思潮社、2004 年）、『高校生が読んでいる『武士道』』（角川 one テーマ 21、2012 年）、『加藤剛さんとノーベル賞詩人イェイツ』（鳥影社、2020 年）。

『春の夢——心に響くシューベルト歌曲の天の調べに耳をすませて』（CD）の構成、翻訳、解説等（ラッツパック・レコード、2000 年）。

ノートル・ダムの残照《ざんしょう》　**哲学者《てつがくしゃ》、森有正《もりありまさ》の思索《しさく》から**

2023年11月30日　初版第 1 刷発行©

著　者　大　森　恵　子

発行者　藤　原　良　雄

発行所　株式会社　藤　原　書　店

〒 162-0041　東京都新宿区早稲田鶴巻町 523

電　話　03（5272）0301

FAX　03（5272）0450

振　替　00160 - 4 - 17013

info@fujiwara-shoten.co.jp

印刷・製本　中央精版印刷

落丁本・乱丁本はお取替えいたします
定価はカバーに表示してあります

Printed in Japan
ISBN978-4-86578-407-7